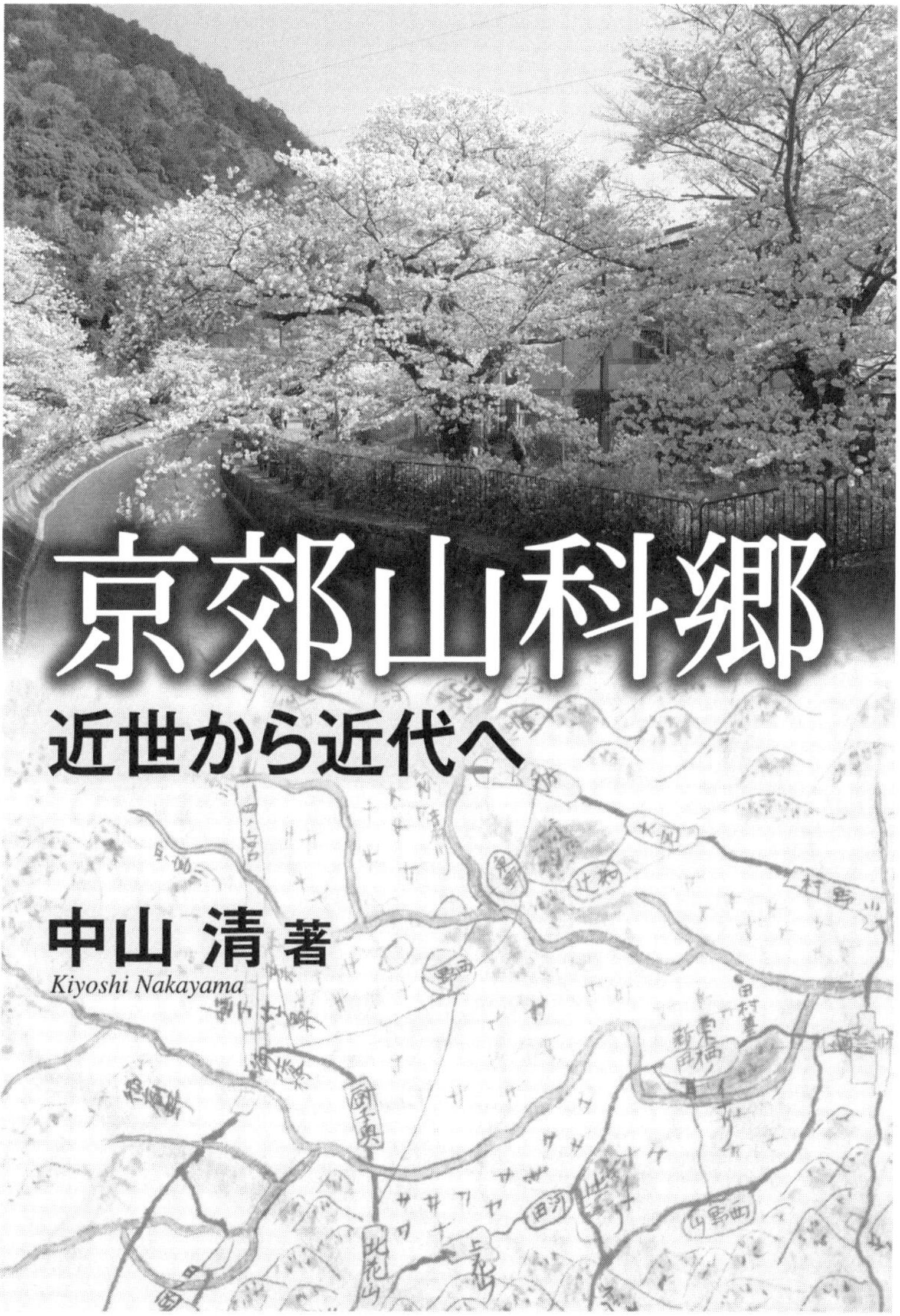
京郊山科郷
近世から近代へ
中山 清 著
Kiyoshi Nakayama

文理閣

はじめに

本書のサブタイトルは前著『近世の山科　山科の近世』（以下前著とする）の最終項の表題と同一である。同じ項目を再び掲げるのは、前著の記述が不十分であったからである。そのことはいうまでもないが、さらに、前著でも繰り返した「まだ明らかになっていない」状況も、現在のところ変わりなく続いていると考えられるからである。

本書もまた「ふるさとの良さを活かしたまちづくりを進める会」（略称「ふるさとの会」）の活動を通じて得た諸史料、諸事実をもとに、少しでもその欠を埋めようとする試みの一つである。

幕末から明治にかけて、日本社会は政治的・社会的に大きな変動を経た。幕藩制国家・社会から天皇制国家・社会への変化の過程を、山科郷もまた、政治的変動の中心地であった京都の近郊における天皇領として経験していくことになる。天皇領だからといって、かならずしも天皇が支配の前面に出ていたわけではなかった状況から、天皇制中央集権国家に向き合うことになったのである。山科のことは山科で、という視点は当然持続すべきであるが、山科のことは山科だけを見ていればわかるとはいえない状況になったとでもいえようか。

本書ではまず、近世後期から明治初期までの山科郷の概要をおさえたうえで、前著で課題としていた郷内の寺領であった村々について、幕末期の状況を概観する。次いで、山科神社所蔵文書整理の中間報告も織り込みながら、幕末・天保期前後から明治二二（一八八九）年山科村成立前後までの山科郷全体の動向の把握を試みる。

なお、前著「はじめに」でふれた視点は本書においても維持される。本書の主人公は「えらいさん」ではなく、あくまでも、農業をはじめとする生産や流通などに従事し、日々の生活を送った人々である。彼らは自ら書き残すことは少なかったが、その姿を時々の動きのなかで、史料に基づき記録しておくことが本書の変わらぬ目的である。

目次

第一章　幕末期の山科郷――山科郷のあらまし

前著に引き続いて幕末から明治初期の山科郷を見ていくにあたって、改めて山科郷の位置を確かめておこう。山科郷惣頭比留田家の文書のなかに宝永六（一七〇九）年一二月の「山城国宇治郡山科郷所々道法覚《みちのりおぼえ》」がある。幕府巡検使が山科に来ても山科に宿泊することはなかったとしたうえで、以下のような「道法」をあげている。

一、「東海道伏見海道ノ追分より四宮河原石橋迄」約一二町。この間に三井寺領・大津（代官）領入り組みの横木村がある。

二、四宮河原石橋より山科御陵村しる（渋）谷海道分レ迄」約八町。この間に安朱・上野・御陵村がある。

三、「御陵村しる谷海道分レより日岡峠迄」約一一町。

四、「山科日岡峠より京境印杭迄」約一五町。この間に日岡村、京境に（日岡村分）九体町・六軒町。

五、「山科御陵村しる谷海道分レよりしる谷峠迄」約一六町。この間に厨子奥・北花山村あり。

六、「山科しる谷峠より京五条橋迄」一五町半。（清水寺瀧下までは四町半）

七、「山科しる谷海道醍醐道分レより勧修寺村札場迄」二二町。この間に上花山村・川田村あり。

八、「京海道伏見海道ノ追分札ノ辻より小野村宇治道伏見海道分レ迄」一里二町。この間に行燈町・大塚村・大宅村・音羽村あり。

九、「小野宇治道分レより勧修寺村札場迄」三町。

一〇、「勧修寺村札ノ辻より伏見藤森分レ迄」一里一八町。
一一、「すべり（滑）石越道勧修寺村札ノ辻より山科西野山村まで」一六町半。
一二、「すべり石越道山科西野山村より大仏三十三間堂南ノ門迄」一三町半。

山科に土地勘のある方はあと東海道に竹鼻村・髭茶屋町・八軒町、東海道伏見街道追分から小野村までの間に小山村、盆地中央部に椥辻・西野・東野・栗栖野村を加えれば郷全村をカバーすることに気づかれるであろう。近江から逢坂峠を越えて山科に入り、京・伏見へ四つの道で越えていく。この位置関係は近世・近代を通じて変わることはない。

山科郷の京都との位置関係を以上のようにおさえて、近世後期から幕末期を中心に山科郷の概略をみておこう。郷内は安朱・小野・勧修寺村が寺院領、他は天皇領という領有関係の違いがあるが、まず村高によっておおよその村の大小を、さらにいくつかの戸口関係史料によって近世から近代への推移を見通しておこう（表1）。

村高は勧修寺村の八三七石余から街道沿いの小村までさまざまであるが、共通して成立以来幕末まで変化していない。唯一例外は竹鼻村であるが、ここの高増は単純な新田開発ではないようである。後にみる明治初年の『宇治郡明細誌』には「村中訴論之上新検地入当時之高ニ直ル」とある。「訴論」の内容はさらに究明しなければならないが、竹鼻村にかぎらず各村とも近世初頭成立の石高と現実の耕地の状況の変化とはさまざまな矛盾を生じていると考えられる。

盆地特有の自然条件はしばしば旱魃となって郷の農業生産に影響を与えた。文政六〜七年もその一例である。「去未年（文政六（一八二六）年）秋作立毛大不作」の具体的な様相は後に触れるが、ここでは郷民の対応を見よう。

まず郷内天皇領一七カ村は一致して京都代官所に検見（収穫状況調査）を要求した。それを受けて検見は行われたが、その結果は三カ村のみ年貢減免が認められるにとどまった。そこで郷民は再度の検見を求めるが、代官

表１　山科郷の村高と戸口の推移

文政７					明治４		明治14	
村名	村高	人数	「飢え人」	「才覚者」	戸数	人口	戸数	人口
	石　合	人	人	人	戸	人	戸	人
四宮	263.854	236	236	0	38	190	64	299
髭茶屋	8.372	56	47	9	12	40	13	46
八軒	18.824	36	30	6	13	48	12	50
上野	37.995	39	39	0	10	19	9	58
御陵	570.040	262	175	87	66	304	100	522
日岡	168.525	157	157	0	53	206	58	159
小山	227.920	300	207	93	50	241	80	397
音羽	513.260	330	330	0	58	287	85	390
大塚	276.849	247	245	2	36	174	64	288
大宅	631.395	373	289	84	47	233	85	412
竹鼻	368.747	238	235	3	23	150	54	256
厨子奥	101.514	88	74	14	10	38	19	114
西野	703.260	340	336	4	65	306	76	365
東野	617.466	202	202	0	41	184	53	250
椥辻	310.838	222	187	35	34	202	46	256
北花山	306.709	136	116	20	33	165	40	229
上花山	161.404	101	77	24	16	67	25	110
川田	295.953	263	234	29	59	248	61	255
栗栖野	8.900	70	45	25	10	76	15	90
西野山	819.969	296	292	4			69	352
安朱	249.334				60	310	87	396
小野	267.886		元治元52戸、231人		48	246	63	258
勧修寺	837.395		安政５　86戸		81	395	107	475

注１　文政７年「飢人老若仕訳帳」（比留田家文書）
注２　明治４年「宇治郡明細誌」
注３　明治14年各村「村誌」
注４　小野村元治元年「当村人別御改帳」（竹村家文書）
注５　勧修寺村安政５年　「私覚抄」（二松家文書）

所はその要請を放置する。その結果、郷の村々は「御定免受相続村（従来からの年貢定免を受け入れる村）」三カ村、「御検見入り村（検見によって年貢減免を受ける村）」三カ村、「御定免崩村」一一カ村になる。「御定免崩村」とは、「立毛三歩以上之旱損に相成」った村々で、定免を破棄しなければならない収穫減となったのに検見を拒否された村々である。

定免崩れ村々は「飢え人帳面」を提出して、さらに検見・減免を訴えるが、代官所からは「未夕何等之御下知も無之」ままであった。そこで、郷内一七カ村全体で「夫食《ぶじき》拝借願」を提出する。年貢減免が無理ならば「夫食」を貸してほしいと要求したのである。

「夫食」とは領主が領民に貸した食料ないし金銭のことをいうが、「為申合《もうしあわせなす》一札」（比留田家文書）には「拝借銀」とあるから、安い利息や緩やかな返済条件での銀の貸付を要求したのであろう。

この「一札」は一七カ村の庄屋が連名で比留田・土橋両惣頭に提出されている。「小前之ものより如何躰之儀《いかがていのぎ》申出候とも村々ニテ庄屋より急度執斗《きっととりはからい》御役難《やくなん》相懸け申間敷」とある。拝借願いを代官所に提出する惣頭にも配慮していたことがわかる。旱魃被害への対処における村々の団結（庄屋層の動きとその背後にある「小前」の動向）がうかがえるといえよう。

具体的な結末はわからないが、上記の「飢え人帳面」に明治期の戸口を加えたものが表1である。この「飢え人」数に誇張のあることはすでに前著で明らかにしたが、総人数、「飢え人」、「才覚者」（食料確保者）と村高の関係も郷内が一律でなかったことを示している。村高と人数との関係は慎重に検討しなければならないが、農業生産が豊かで多くの人員の存在を可能にしているか、農業生産以外の諸営業があって、その収入により高を越えた人員の存在を可能にしているかなどの状況が考えられるであろう。その意味で村高と総人数の比率が一〇〇％を越える四カ村（日岡・上野・四宮・小山）が街道沿いの村落であることは示唆的である。

総人数の内に占める才覚者の比率も村による違いが大きい。もちろん「飢え人」数との関係で才覚者も作られた数値ではあるが、ゼロの村と若干、あるいは多く存在する村との違いは意識するべきであろう。

盆地の自然条件の厳しさを確認したうえで、戸口の推移の問題に移ろう。

文政七年の人数と明治四年および同一四年の戸口が幕末から明治初年の推移を正しくとらえているかどうかはさらに検討しなければならないが、現在のところ郷全体を明らかにする史料に乏しい。

郷全体だけでなく、個別村についても不十分なままである。前著では大宅村について村明細帳や人別帳によって、寛保三（一七四三）年九六戸・四三八人、天保四（一八三三）年七〇戸・三五八人、安政三（一八五六）年六八戸・三二三人、慶応三（一八六七）年七二戸・三四九人、明治九（一八七六）年八五戸・四三一人と推移したことを紹介した。ここでは文政七年に「飢え人」二九二人・才覚者四人計二九六人であるとしている西野山村の事例を加えておこう。

同村の宗門人別帳（山科神社文書）によれば、翌文政八（一八二五）年五四戸・二三五人、天保一一（一八四〇）年四四戸・二八八人、嘉永五（一八五二）年五五戸・二九一人、文久二（一八六二）年四七戸・二一〇人、慶応三（一八六七）年四六戸・二〇八人である。ただし村内の極楽寺分のみである。村外の明顕寺分は嘉永五年に一二戸・七〇人であるから、村全体としては　この前後の数値を極楽寺分に加えた数値で推移したと考えられる。

僅か二カ村であるが近世後期から幕末期にかけて緩やかな戸口の減少傾向が認められる。

さらに個別村の検討を通じて補強あるいは修正しなければならないが、おおよそのところ幕末期にむけて緩やかに減少にあった戸口は明治に入って増加傾向に転じたとみておきたい。

この動向が農業生産とも関係していたであろうことはいうまでもないが、山科郷の農業生産の構造についても簡単に確認しておきたい。前代未聞で老人たちにも記憶にない降雹《こうひょう》という非日常の出来事を通して日常が明らかにされたといえる事例がある（比留田家文書「乍恐奉願口上書」）。

文化一四（一八一七）年三月二一日というから春の農作業も進行し始めていたであろう時に、大規模な降雹があり、田・畑そのほか藪地・立木にいたるまで被害にあった。まず苗代が「種埋不足」になり蒔直しが必要になった。諸方に融通を頼み、なんとか調達して「此節（四月三日）跡蒔ニ取掛り最中」である。

こちらはなんとかなりそうだが、問題は肥料（尿）の調達である。「尿之儀此節より追々買入不仕候《つかまつらずそうろう》ては手遅れニ罷成《まかりな》」るという。従来は「其の年之種作（菜種）立毛質入ニ仕」り、肥料代や「植付け料」に充ててきた。また「其の年の麦作取り得候テ植付中之取続ニ仕」ってきた。米を収穫するまでの生活諸費を麦の収入で賄ってきたということであろう。さらに「草取り並に跡尿料其の外諸入用」のための費用を「菓々之立木」からの収益で手当てしてきた。これら菜種・麦作・立木から「藪地立毛」まですべて雹にやられて「必死と差詰」ているという。山科郷天皇領全十七ヶ村の庄屋・年寄・両惣領から小堀代官所宛への訴えである。

山科郷の主要な農業生産が米と麦の二毛作であることは改めて確かめるまでもないが、それは元肥から追肥まで京中からの「尿」に依拠している。それは短期間の偶発的なものではなく「追々買入」る日常的・恒常的な関係である。「菓々之立木」や「藪地立毛」の具体的な内容はわからないが、山科郷であれば茶や竹や筍がすぐ思い浮かぶし、松茸や薪になる雑木などもはいるであろう。後にみるが茄子や大根を主とする蔬菜類も「京へ輸送ス」る農産物であった。

京都とむすぶ商業的農業の展開が想定されるが、それは「植付け料」や「草取り」などの他人労働力の存在を前提とする農業である。大規模な土地貸付による寄生的地主経営ではなく、自らも農業生産を行う手作り地主経営や自営農の経営が展開している。そのような農業の展開が後にみる「雑業」の存在と密接に関係していると考えられる。

山科郷における「雑業」が小作経営と結びついた郷内における農業年季奉公や農業日雇い、さらには街道関係の運送をめぐる雑業であることは容易に想定される。それらの雇用状況、放出状況を郷全体について具体的に指摘することは困難である。しかし、たとえば天保四年大宅村における土地所持にもとづく階層構成をみれば推定は可能であろう。同年の寺社を除く村民は七〇戸であるが、その内訳は高持四二戸、無高二八戸である。高持のうち二〇石以上所持者は五戸、一〇〜二〇石は一四戸、五〜一〇石は一三戸、一〜五石一一戸、一石以下一戸である。雇用者が二〇石以上の大規模所持者を中心としているであろうこと、また労働力放出者が無高層に集中しているであろうことは容易に推定されよう。

同じく労働力の放出であるが、京都に隣接する地域の観点からは郷内から京都市中への奉公人の存在も無視できない。先に旱魃の影響をみた文政八年の西野山村の状況を見よう。

同村には松平安芸守の家中となっている高持一戸と奉公人一〜二名が始まりは確かめられないが存在し、幕末まで継続している。彼等は村にいないのであるが、「高持百姓ニ御座候故前々より（宗門人別に）相認メ御断申上げ」るという異例と考えられる扱いになっている。これを除いてみていこう。

文政八年の戸数（ただし極楽寺分のみ）は上記のようであるが、そのうち奉公人放出戸は高持一五、無高八の二三戸である。人数は男一六人、女一九人の三五人、奉公先は京都二六、大津二、山城国他郷七である。村内での雇用は一人もいない。

これが文政一二年になると、同じく極楽寺分のみであるが、放出戸一七戸、奉公人男八、女一三計二一名になり、行先は梅小路村・西岡上飯野村以外すべて京都市中である。さらに天保一一年には放出戸四・奉公人数男四、うち京都へ三人となる。村外への放出が激減し、代わって村内や近村からの雇用が四名出現する。

例示は以上にとどめるが、あらためて文政八年の旱魃被害の大きさがわかる。また奉公先が圧倒的に京都市中であることも確かめられる。市中のうち東山の峠を越えて比較的近い建仁寺町や大仏正面などが目立つが、京都町中への放出先についてはさらに事例を重ねる必要があろう。

以上、京都東郊に位置する山科郷の概観を試みた。これをふまえて近世後期から幕末期の様相を見ていこう。

第二章　寺領村落の生産と生活

（一）天保期の街道村

はじめに近世の山科郷にあった寺領の村落の幕末期の生産と生活をみていこう。郷内にあった寺領村は勧修寺村、小野村、安朱村などである。領主と村高などを確かめておこう。

勧修寺村　　村高八三七石三九六合　勧修寺門跡領三一二石、醍醐寺三宝院門跡領一〇〇石、醍醐松橋院家領七三石、同学侶・下法師寺領四二五石三九六合からなる。勧修寺が村内の一角を占め、山科郷で最大村高の村である。『史料　京都の歴史』山科区編には安永四（一七七五）年と文化元（一八〇四）年の水害関係史料が掲載されている。文化元年は「御領田之内字堂田堤切候而土砂流込」という村内での破堤であるが、安永四年は「当月五日洪水ニ椥辻村領川堤切レ申候間右田地（勧修寺村内の字おゆての田地）ニ夥敷石砂入」とあり、盆地上流部の洪水の影響が及んでいる。山科盆地南部の、盆地を囲む山々から流れ出た川が集まる、いわば出口にあたる場所に位置することがわかる。

小野村　　二六七石八八六合　随心院門跡領一一二石〇三五合、醍醐金剛王院その他領一五五石八五一合　村内に随心院が存在する。なお随心院の全所領については後に触れる。

安朱村　　二三五石一五九合　寛文五（一六六五）年天皇領から毘沙門堂領となる。同一二年安祥寺領より一

○万坪分与。毘沙門堂門前から南方の東海道にかけて民家が広がる。嘉永四（一八五一）年四月「口上覚」（幸田家文書）によれば「毘沙門堂御門跡様御門前之儀ニ付、日々御中間同様《おんちゅうげんどうよう》ニ御召遣《おめしつかい》ニ付」とあり、領主の寺と密接な関係にあったことがうかがえる。

なお、十禅寺、安祥寺も寺領を持つが、独立した村としては扱われず、それぞれ四宮村、御陵村の内に含まれている。

以下、小野村を中心にみていくが、まずその位置を確かめておこう。近江国との国境追分で三条街道（東海道）から別れ、小山・大塚・大宅村を経て南下する六地蔵街道（奈良街道）に面して、盆地南部に位置し、さらに村の中央から西に折れて勧修寺村から伏見方面に通ずる六地蔵街道（伏見街道）が分岐している街道村である。現在のところ同村について近世前・後期の状況は『史料京都の歴史』山科区編に掲載されている隣村醍醐村との関係（字陀羅谷山における境界をめぐる問題及び字清水が本、字しのそいにおける用水溝浚問題）以外は明らかでない。

天保一五（一八四四）年三月六日から八日にかけて、京都町奉行が大津宿から伏見宿までの道筋を点検している。このルートは京都市中を避けた大名の参勤交代路であった。検使の点検にあたって事前に調査事項が村に伝えられ、それに対する回答が「覚」としてまとめられた。その控えが村に残り（竹本家文書）、村の概要を知る絶好の史料になっている。

六地蔵街道のうち小野村分は禁裏領大宅村境から勧修寺村境までの四七五間である。右折しないで街道を直進すると醍醐村境まで四八三間である。街道の道幅は均一ではなく、村の入り口付近は三間一尺七寸、さらに進むと二間四尺から二間五尺幅で、「車道共」・「車道除テ」と区分されているが、ここでいう「車道」が東海道筋のような車石を敷いた牛車用の道であったかどうかははっきりしない。並木は無く、一里塚もない。この街道の一里塚が隣の大宅村にあることはご存知であろう。

高札場一か所、随心院制札場が村の出入り口三か所にある。浄土宗の寺があり、その門前に地蔵堂や茶の接待所がある。また長さ六尺六寸、横幅六尺七寸、石数六枚の石橋がかかっている。村から京都二条城まで約二里半、伏見宿までは二里、大津宿へも二里、六地蔵村まで一里である。街道の左側に随心院の総門があり、境内には青龍権現社などがある。

以上が整備・清掃を小野村が受け持つ街道の概略である。続いて村の概要に移ろう。

村高と領主は先に示したが、村高の構成は田一七一石九五一合七夕（反別一二町七畝一四歩）、畑九五石九三四合七夕（九町六反六畝二六歩）である。作物は米麦のほかに雑穀・野菜・菜種・綿などを栽培している。主要な「稼ぎ」は農業で、中には「小商売」をする者もいる。農間稼業としては「山中ニて芝刈り」があり、また「日雇い働き」をする者もいる。

住民数は増減があるが、「百姓家」は五三軒で、そのうち四六軒が街道沿いに住んでいる。飲み水は二八ある井戸を用いている。街道沿いにある長さ二五間の用水池のほか二か所の溜池がある。

早川という堤高一丈三尺～五尺の川が流れている。また観修寺村への街道沿いに高川と呼ぶ川筋がある。普段は「干川」であり、出水時には仮橋を設ける。高川の堤の先は藪になっているが、その中に小野小町伝説の「少将之通路ト申伝え候道筋」がある。ただし、今は人の往来はない。

以上、「覚」によって村の概略をみたが、さらに付属する「大津宿伏見宿之間絵図面」によってみていこう。

禁裏領大宅村を出た街道は緩やかに西に向きを変えながら坂をくだり、林の傍らの領境の杭（「小堀様杭」）を経て村に入る。片側は用水池であり、向かい側の藪のそばに「御制札場有り」とある。上記した三か所のうちの一つであろう。

村入口の北側の最初の家は「馬立場」である。上記の「覚」では「馬継場・茶屋」となっている。ここで荷物の引継ぎや牛馬の交代をしたのであろう。同時に「酒、煮売あきないいたし」とあり、屋号を名乗る茶店でもあって、「百姓」屋と区別されている。

馬立場に続く街道北側には伏見街道までの間に二六戸が並んでいる。二一戸は「百姓」で、一戸は「大工」である。略図であるから間口の大小は正確ではないようである。そのうち三戸は「菓子草リ（履）わらんじ商いいたし」とあり、農商兼業である。また「随心院御門跡内」の坊官秋津・吉野氏の屋敷が百姓家に挟まれて描かれている。伏見街道に右折する角に畑を挟んで二戸の屋号を名乗る商家がある。それぞれ「菓子・煮売り・草り（履）・わらんじ商いいたし」と「餅・酒・あら物いろいろ商売いたし」である。

再び村の入り口に戻り、街道の南側、用水池に続く家並をみよう。百姓家二戸と「番人」の家があり、藪や畑を挟んで家並が始まり、ところどころに畑を挟んで一六戸が並んでいる。中ほどに「髪結床」があり、坊官畑氏の隣は「小銭両替いた」す商家である。直進して高川を越えると制札場があり、やがて随心院の総門である。

高川の手前を右折したところにも四戸がならんでいる。百姓一戸（ただし「アキ家」）、商家二戸（ともに「酒喰、煮売り、草り、わらんじ商いいたし」。明治初年の不審者取調史料をみると両家とも旅館兼業であったようである）、最後は坊官川上氏宅である。この先は畑で、制札場がある。先述の「覚」によれば高さは石垣とも一丈、横四尺、幅三尺五寸の大きさである。

小野村の概要をみたが、三か所の制札場はいづれも村の出入り口にあり、宿《しゅく》とは称していないが家並が続き、農商が混在する街道村であることが明らかである。

後にも触れるが領主随心院との関係も概観しておこう。随身院の所領は近江国九里村・山城国物集女《もずめ》村および小野村の三カ村にある。嘉永七（一八五四）年三月二六日付の「御朱印御裏判有之候永々御書下ケ写し」によれば、そこからの収納は、内容はよくはわからないが、「院料初メ例村引き」約四二石五斗、御払い米一三五石余、「御借財方引」五〇石、「御殿納」九三石五斗で構成されている。「御殿納」については後に触れる。

坊官のなかに先納米売却代金・領地林の竹木売却代金横領事例が発覚し、対応策として以下のような達しが出されている。「自然無拠《よんどころなき》訳柄《わけがら》を以《もって》已後《いご》役人より示談之儀有之候ハバ三ケ村役人打ち揃い態《わざと》多人数罷り出で御台所広敷《ひろしき》ニおいて高声ニ示談可致席々より何事哉与《やと》不審相立候様可致候」。寺役人と示談するときは三カ村村役人ができるだけ大勢・大声で話し、台所大広間の他の人々が何事かと思うようにすべきであるというのである。

小野村は三カ村のなかでは最も少ない石高ではあったが、領主の地元だけに重要な位置にあったとみられる。

（二）小野村の一年

街道沿いの寺領の村の日常はどのようなものであったか。小野村の庄屋家が村に生起した公私にわたる出来事などを「諸日記覚帳《おぼえちょう》」（広田家文書）という表題の横帳に書き残している。毎年作成したのではないかと考えられるが、現在は嘉永七（一八五四）年の一冊が残されている。

嘉永七年は一一月二七日に改元されて安政元年となるが、どのような年であったか。年表から拾うと、一月ペリー来航、三月日米和親条約締結、さらにロシア・イギリス・オランダとも締結しており、鎖国体制が大きく変化していく年である。また四月六日に京都で大火があり、御所も炎上、一九〇の町で二四の寺社、五〇〇〇軒以上の町家が焼失した。六月と一一月には地震があった。年末には内裏の造営などで諸物価や工賃が値上がりし、奉行所から値上げ禁止令が出されるような社会情勢の年であった。

「覚帳」の一月一日は「目出度く始り」と書き出し、「正月、元日、天気、無事。夕方より雨降り出し」となっている。この覚帳の特徴の一つは毎日の天候が克明に記録されていることである。この年は閏年であったが、毎月の天候を晴・曇・雨（雪）に区分してみると表2のようである。上記のように晴れのち雨でも晴れに数えたから実際よりも晴れが多くなっているであろう。これを念頭において日常生活と農業生産に関係する記述を追ってみよう。

二日は天気（晴れ）、「例年通年始御礼、御対面《ごたいめん》参殿《さんでん》仕《つかまつり》候《そうろう》事《こと》」とある。領主随心院門跡に恒例の年始挨拶である。苗字を名乗る八名の姓名が列記されている。肩書は無い。また、「御家中様」の「芝、本間、岡本、松山、畑、御賄方」に年玉が献上されている。このうち畑氏が街道沿いに居を構えていたことは先にみた。

八日晴、「今日山神祭り行」とある。山の神を田に招いて豊作を祈ったのであろう。

一〇日晴、「京都へ例年通り年始行」とある。行く先三名のうち「松尾様」は京都南東方面を担当した雑色の松尾家のことであろう。

年始関連の記事が続いたのち、一月二〇日雨、「去八月調達金十七両也証文返上スル」、翌二一日晴・曇・寒、「十二月分御払《おんはらい》請取《うけとり》書《かき》有之《これあり》候《そうろう》分《ぶん》丈《だ》ケ相納《あいおさ》メ候事」とある。領主財政に関連する事項と考えられるが断片的で内容はわからない。

しばらく天候のみ記載の日が続く。二月にはいり一日は初午、晴、昼より曇る

二月六日曇り、「御殿へ届ケ書スル」。内容を要約すれば、昨年三月頃から村の住人が伏見宿から大津宿へ荷物運搬の仕事をしていたが、当座の試みのつもりであったので届け出が遅れた、「御殿御役人中様方　聊《いささか》御苦労《ごくろう》ケ間敷《がましき》儀《ぎ》ハ《は》一切《いっさい》相懸《あいか》ケ《け》申間敷《もうすまじく》」という弁明とお詫びの「乍恐《おそれながら》　口上《こうじょう》　覚《おぼえ》」である。「当座之試ミ」としているが、街道の村の有力者が運送業を展開しているのであろう。

二月一三日雪降り、この日「綿打屋参り　一貫五百三十匁打」。綿打屋が来て、自家で造った繰り綿を弓で打って柔らかくしたのである。先に小野村でも綿を栽培していることを紹介したが、自家用の範囲にとどまる生産量であったようである。

表２　小野村の１年（日）

月	晴	曇	雨
1	18	5	6
2	22	1	7
3	20	1	8
4	20	3	7
5	17	9	3
6	14	16	0
7	24	2	4
閏7	18	3	8
8	18	5	7
9	25	2	2
10	23	4	2
11	23	2	5
12	18	0	5

二月一六日晴、「此度世上通用之ため吹立《ふきたて》被仰出候《おおせいだされそうろう》一朱銀之儀《いっしゅぎんのぎ》来ル廿四日より通用之儀被仰出候事」。改鋳した銀貨の通用を二月二四日から許可するという幕府の通達が知らされている。貨幣の使用がかなり日常化していたことがうかがわれる。

二月一九日天気、住民から「桁行壱間梁行弐間」の土蔵の改築願が出されている。絵図面を添え、近隣から故障申し出ではないことを確認し、願主と五人組頭および村役人が連印で願い出ている。宛先は「当御殿御代官所」である。

三月一一日晴、「籾たね水ニ付（浸）ケル」。苗代に蒔く米の種籾の発芽を促すために水に浸けたのである。残念ながら品種名や数量は書いてない。

三月一五日天気、「文蔵儀今日奉公ニ参ル」。庄屋家はまた奉公人を雇う農業経営であったことがわかる。彼の奉公人請書は書いてないので、出身地や年齢や奉公の条件などはわからないが、三月あるいは九月は雇用契約を結ぶ時期であった。彼は三月二四日には下男文蔵と記載され、飼牛が逃げて遅くまで探していることがわかる。

三月末から四月に入ると、農作業が本格化してきたことがうかがえる。三月二七日、四月一日、四月二日に各一人を田打ちに雇っている。そして三日天気「のしろ拵《こしらえ》」として男女各一人の雇用人の名前が記されている。苗代作りであろう。

四月六日天気、「午刻時（昼一二時頃）より京都出火ニ付遠見人足」を出す。京都大火、御所炎上の日である。まず様子を見に人足を派遣したのである。御所近辺ということで村中総出の動員がかかり、翌七日朝になって帰村した。また、例のように三〇日間の鳴り物禁止令が出されている。「鳴り物」とは太鼓・笛・鐘などで、天皇・将軍とその親族などの死亡や人事に際して一定期間、鳴り物停止令が出された。

四月一四日雨、非常人足壱組・弐組の編成が命令されている。先の動員で混乱があったのであろう。

五月四日天気、「鐘付田溝さらえ」、村中総出。米・ねぎ・揚げ豆腐・醤油・酒など銭一一貫二六四文が記載されている。用水路の整備を全員で行い、慰労会があったのである。

五月六日雨、「七つ時分（午前五時頃）時雨スル」。この日「田植手始スル」とあり、田植えが始まっている。その後は書いてないが、一五日に紀伊郡の藤森祭りに行くとあるから、それまでに終わっていたのであろう。

これから六月八日半夏生までは天候の記載のみの日が続く。この日には鐘付田の溝浚えが行われた。八日にはそれらの費用および中川橋直し手間賃・材料費などの決済が行われている。

六月一四日天気、夜八半時（午前三時頃）大地震。一五日にもたびたび揺れた。村でも被害が出る。七月六日に雪隠や居宅の普請願が出されている。

六月二六日から土用に入り、六月三〇日は村中総休みである。

七月七日晴・曇、この日には長文の記載がある。要約すれば、津藩藤堂和泉守領大和国山辺郡丹波市村のこの（五五歳）と娘しち（一三歳）が四国巡礼中に病気になり、七月四日小野村で行倒れになった。翌朝になっても歩行困難で、二・三日養生させてほしいとの願い出があり、様子をみたが回復せず、「何卒《なにとぞ》国元へ片時も早く帰国仕度《つかまつりたく》」と申し出があった。そこで、村から駕籠に乗せ、村継ぎで送り出した。順々に継送りをよろしく頼む。「時分時ニ相成候はは喰事抔御心添被下《しょくじなどおこころぞえくだされ》又及暮候節《くれにおよびそうろうせつ》ハ一宿など是又御頼み申す」とある。四国巡礼途中の親娘が病気になり、帰国を望んだので村継で送り出した。一宿一飯の世話をよろしく頼むという小野村役人発行の送り状である。領主（随心院）に届け出たうえで発行されており、江戸時代のセーフティネットのマニュアルに従ったものであろうが、そうたびたびあることではないから、親子の持っていた津藩代官発行の往来手形ともども三ページにわたって書き留めたのであろう。

七月一五日天気、七月一一日付の「口上書」によれば、村の大工職が「大工手間十三人ニテ御扶持米戴キ大工職幷人足被仰付」れていた。彼は寺（領主）の大工仕事や人足仕事を一三人分勤めることで扶持米をもらっていた。ところが怪我をして役が勤められない。回復したらこれまで通り任命してほしいと村役人連名の嘆願書が出されている。先の村絵図の中に大工の存在を指摘したが、「口上書」から彼と随心院との関係がわかる。

七月一七日晴天、一八日快晴、両日とも村中総休み。晴れて夕立のある日が続く。

七月一九日快晴、ところが「八ツ半時（午後三時頃）より暫時夕立強く雨降り、早川筋大出水ニ付東野村・椥辻村ニテ切所四ケ所出来」という状態になっている。日頃は細流の川が強い夕立で出水し、小野村より少し上流の二カ村で四か所も堤防が切れたというのである。もちろん堤防は今日想像するようなものではなかったであろうが、山科盆地は干害ばかりでなく、時には水害にも悩まされたのである。二一日には被害にあった両村からの頼みで二五人の人足が「水留手伝」に行っている。二五名の名前が列記されて、「かね付田流地主下作共総出」とある。小野村でも鐘付田周辺に被害が出て、関係する地主、小作人が総動員されたということであろうか。

七月晦日晴天・酷暑、「八半時（午後三時頃）より巽方より夕立掛りかけ大ふり、夜四つ時分（午後一〇時頃）ニ晴ル、大夕立・大雷之音」と記されている。この夕立で中川の入り口付近がこわれ、人足六人が出て修理している。

閏七月九日　天候の記載なく「二百十日」とあるのみ。無事だったのであろう。

閏七月一八日天気、「今日村方休ミ」を若者組が願い、認められて、触れが出されている。

閏七月二六日天気、「今朝牛病気ニ付養生不叶《かなわず》終《つい》ニ落命致し候由」。病気になった飼牛を治療のために預けていたのであろう。牛が農耕用、運搬用に飼われていたことは後に触れる。

八月一日雨、八朔の日。「例年通今日村中惣休也」

八月四日曇、先祖父の百回遠忌・祖母の五十回遠忌の日。僧をはじめ大勢の客があり、手伝いも男女一〇人、ほかに料理人（八百岩）を雇っている。

八月一五日雨、「例年之通惣休也」

八月一九日雨降り、雑色の松尾左兵衛から追分両町・音羽・大塚・大宅・小野・醍醐村に出頭命令が来て、

「大鉄砲之儀ニ付道筋街道中土橋石はし等委細絵図面ヲ以て差出」せと命ぜられている。「大鉄砲」とは大砲のことであろう。その移動に備えて、その重さに耐えられるかどうか街道の橋を調査したのである。開国をめぐる時代の動きが及んできているといえよう。八月二七日に京都西町奉行からの呼び出しで、要人の移動に備えて役馬徴発のための村高調べがあった。これなどもその一環であろう。

八月二八・二九日両日とも晴、村総出で中川浚え、吉左エ門川浚え。終わって慰労会がある。二八日の費用は米五升六二四文、酒三升二〇〇文、松茸五〇〇目二〇〇文、豆腐七個一〇九文、「ちゃこ」一〇〇文、醤油一〇〇文、「しは」一〇〇文合計一貫四三三文である。もう松茸が取れたのであろう。また「ちゃこ」はちりめんじゃこのことであろうか。「しは」は燃料の柴で、柴漬けではないであろう。この二日間の費用は二貫八六六文であった。

九月二四日天気、村から寺に出した九月二一日付けの嘆願書が記載されている。九月一七日に領主の山に無断で入り、竹などを取ったとして謹慎（「他参留メ、組預ケ」）を命ぜられた村民について、「何分困窮之者ニテ日々外稼ヲ不仕候ハハ日用妻子共暮方出来兼且組親類之者共も時分柄作方セハ敷」と訴えている。貧困者で「外稼ぎ」をしなければ生活が成り立たない、また、五人組の仲間も親類も時節柄農作業で忙しく援助できないとして、先の謹慎の免除を願い出ている。

「外稼ぎ」の具体的な内容はわからないが、日雇い・雑業であろう。嘆願の結果は謹慎解除、罰金銭三貫文であった。九月晦日に納入したと一〇月二日に記載されている。

一〇月一三日曇り、夜四ツ時過ぎ（午後一一時頃）醍醐開出町で火事があり見舞いに行った。翌日醍醐から返礼があったことが記されている。これも記録さるべき村の出来事だったのであろう。

一〇月二九日天気、この日「御本丸桂姫役人」奥林栄裕ら数名が来て、「桂女より安産疱瘡之守」を弘めたいという申し入れがある。前回は嘉永二（一八四九）年正月であったという。詳しい内容はわからないが、手数料などでもめたようである。天保一一（一八四〇）年までの通りなどとも書かれており、御守り札を販売するという、村で時折あった行事であったらしい。

一一月に入って四・五・六・七日と連日「天気、寒イ」状態が続くなかで、また地震がある。四日は朝五つ時（午前八時頃）、五日は夕方までと夜五つ時（午後八時頃）、六日夕方前と夜四つ時（夜一〇時頃）、七日は四つ時（朝一〇時頃）に揺れたと記録されている。

一一月八日からは「人足扶持米」の支給が始まる。公用で人足として動員された回数・日数に応じて、年貢分や内容はわからないが「寄進物」分を差し引きした残りが支給された。三三名が記載され、「人足合八百七十一人分」計五石七四八合六夕である。一人で複数回動員に応じたとか、他人の分の動員に応じたという事例も含まれている。村総出の内容をうかがわせるといえよう。

一一月九日以降天候のみ記載の日が続く。時々「雪ふり」の日が入る。

一一月二四日天気、前日付けの松尾左兵衛の触れが記録されている。宛先は小野・勧修寺・石田・木幡・稲荷・深草・竹田・東九条村というこれまでみたことのない村々の組み合わせである。内容は「郷士浪人之類、儒道帯刀人、神事之節帯刀いたし来候者」を調べ、その名前を明日中に報告せよという命令である。二四日提出の「口上覚」には小野村では広田・平野・中村（二戸）・宇野・川上・進藤の七名が、郷士であり「地頭随心院御門跡御家来にて常帯刀仕来」とある。天皇領山科郷の村々と同じく小野村にも郷士を名乗る家々が存在していることがわかる。

年号が安政と改まった一二月一六日に、「御掃除人足」担当の郷士の人足料取扱いに問題があるとして寺側に担当者解任の動きがあり、郷士仲間惣代が村役人とともに再任の願書を提出している。「何分本人当時勝手向不如意ニ付料納之儀ハ難出来《できがたく》」とあり、郷士層にも経済的変動の波が及んでいることがわかる。

その後は天候のみ記載の日が続き、一二月二四日で終わっている。裏表紙がないところからみて、大晦日までの数枚が破損して失われていると考えられる。年末には新年の準備を含めたどのような行事がおこなわれたのであろうか。

（三）幕末期寺領における領主と領民

前項では「諸日記覚帳」の記載を追ってさまざまな出来事をみてきたが、その中には領主随心院の領地・領民統治にかかわる事柄も含まれている。現在のところ「覚帳」がほぼ唯一の史料であるが、さらに寺領統治の様相を年貢収納を中心にみていこう。

「随心院御門跡御寺領高村割書付」によれば同寺の所領は六一二石であった。その内訳は山城国宇治郡小野村一一二石・同国乙訓郡物集女村二〇〇石・近江国蒲生郡九里村三〇〇石である。九里村については知るところはないが、物集女村の随心院御門跡領は同村の多くの相給の中の一つである。小野村の領地も先にみたように醍醐寺との相給であるが、随心院門跡の所在地であり、石高こそ少ないが寺領支配の中心地であったといえよう。

寺領統治にあたる坊官は年始年玉の対象であった芝・本間・岡本・松山・畑氏及び「御賄方」である。一方、前項でみた街道絵図には川上・秋津・吉野・畑氏が出てくる。領民の間に居住する坊官が「御賄方」であるかどうかは確かめえないが、「御殿御役人中」の中の「御役家六軒」とはおそらく随心院境内に居を構える上級坊官で、一般坊官と区別があったと考えられる。

領内統治にあたった機構としての役所は「御殿代官所」である。ここから寺の命令・通達を「達書《たっしがき》」の形で村々に出し、京都町奉行所からの命令・通達を取り次いでいた。一方で村から提出される「口上書」や「請書」などの受取窓口でもあった。

領民側を代表する庄屋・年寄は小野村では郷士層が担っているとみられる。嘉永七年の庄屋・年寄は両者とも郷士である。小野村の郷士八家の中でも特定の郷士家が庄屋・年寄役を勤めたかどうかはわからないが、「御掃除役」など領主＝寺と特権的に結びつく者も郷士であり、その地位は「継目相続」によって郷士層に世襲・独占されていたとみられる。三月一六日に「従御殿御沙汰左之通《ごてんよりおんさた》」として記録されている当御殿代官所が出した「達書」を見よう。

第一、村役から寺への申出は毎月一・六の日とする。

第二、代官所が無人の時は、急ぎの伺いならば「御役所下役御賄方詰合」に申し込む事。

第三、領地三カ村の村役人との面会は広敷《ひろしき》（広間）で行う。なお、小野村は御用も多いが、袴を着用の時は「御役所へ行事ヲ以案内之上」出ること。ただし、羽織のみの時は他の村と同じく広敷へ罷り出ること。略衣で羽織のみは不可。

以上はすでに心得ているであろうが、念のため達するとして出されている。「行事」とはどういう存在かはわからないが、格式を整えていたことがわかる。なお、三月二六日には三カ村の庄屋・年寄・惣代が「四季之間御縁側」で達しを受けている。達しは別紙にありということで内容はわからないが、重要事項の伝達形式であったかもしれない。

年貢収納について三月に出された達書をみよう。年貢米の収納場所は九里村は郷蔵である。「是迄之通」と注記されている。詳しくはわからないが、遠方の領地であり地元山城国とは別の年貢収納米処理がなされていたのであろう。小野・物集女村も一応郷蔵となっているが、嘉永七年の実情については後にみる。先にふれた年貢納入（「収納之分」）のうち「御殿納」は次のように定められている。

一、一〇月朔日納　二二石二斗　但し御蔵付故九月晦日納

二、正月元日納　二五石八斗　但し元日故十二月二十七日納

三、四月朔日納　二四石八斗

四、七月朔日納　二五石八斗　但し京回し之分此内也

以上の内容が九月一日に改めて確認され、「当月二十九日御蔵付ニ付拾石七斗御収納可申事」と通達されている。「御蔵付故」とか「御蔵付ニ付」の意味が分からないが、一〇月一日納入とは実際は九月三〇日であったのである。

収納に関係する動きとして九月二四日の検見についてみよう。この日「毛見御出郷有之候事」とあり、岡本大炊が「代官見覚」（見習いのことか）として立会のため出役している。検見場所は一五カ所、その石高は一八石四斗六合である。

西浦　孝之助分　八合
鐘付田　伊左衛門分　六合七夕

などと坪刈り結果と考えられる数値が記録されている。

九月二九日には「例年之通御蔵納スル、岡本大炊様見覚として立会」とある。数値は書いてないが、上記の一〇石七斗であろう。

小野村と物集女村の収納については村から請書が出されている。春の達書のとおり「御収納米郷蔵へ納置、年ニ四ケ度御収納可致御書表之趣　敬承《けいしょう》奉畏《おそれたてまつり》候」と、上記の納入次第の厳守を約束したうえで、「物集女村ハ遠方故若し雨中続き且冬之向ハ猶更《なおさら》雪中ニテ道悪敷く定日納遅滞ニ相成候テハ奉恐入候、且又小野村之儀ハ以前より郷蔵無御座候ニ付当時差当り当惑　仕《つかまつり》」と訴える。物集女村からの収納米運搬は困難が予想され、小野村にはもともと郷蔵がなく当惑しているというのである。そこで願い出た対応策が領主の米蔵の借用願であった。

この願い出は一〇月一六日の記事には「御聞済ニ相成則今日御達し書　幷《ならびに》　米蔵鍵御渡しニ相成　慥《たしか》ニ請取申」とあるから、聞き届けられて鍵も渡されたことがわかる。そのうえで一〇月二一日に改めて納入請書を小野・物集女村役人連印で提出したのである。なお一〇月二四日には上醍醐常行坊へ、一〇月二七日には醍醐金剛王院へ

年貢米が納入され、一〇月二八日には「当御殿年貢皆済合二十八石五斗　御蔵へ納置」とある。上記の納入期日や数値とは異なっているが、年四回に区分したり、「京廻しの分」があるなどの年貢収納方式に寺領の特色を見ることができる。なお「掛屋払い」は一三〇石余の払い米代金と小野村小物成三両余で、三・六・九・一二月の晦日に行い、その分担は物集女村三四両二歩、九里村二五両三歩、小野村約七六両である。

領主と領民との関係が年貢収納のみでなかったことは言うまでもない。領主＝寺財政と関係すると考えられる動きは「覚帳」からは断片的にしかわからないが、いくつかを指摘しよう。

四月一一日に「御融通調達金証文返上取調帳」という帳面名が出てくる。寺で融通者と融通金額を調査し、返済に応ずることになったとして、小野村分一四口が書かれている。

弘化二・三年正月・一月改め	四口	銀四貫九七一匁二四と金三歩	源次郎
弘化元暮～同三年正月改め	四口	金七二両	為次郎
弘化二年二月晦日改め	一口	金五両	伊左衛門
弘化二年正月改め	一口	金一五両	儀八
弘化三年正月改め	一口	金八〇両	万平口
弘化二年正月・五月改め	三口	金三五両	小野村口

一〇年以上も前の累積債が嘉永七年に返されることになったいきさつはわからないが、融通者は郷士・村役人である。また、万平口は有力な商人の連合であろう。さらに村としても調達に応じていたことがわかる。

「仕法立《しほうたて》」による資金調達も行われていた。調達金高に応じた「新証文御印紙」が発行されていたとみられる。「覚帳」には天保一〇（一八三九）年と嘉永二（一八四九）年しか出てこないが、後者では「御米五拾石ツツ三ケ村へ年々御下げ」という仕法の内容の一部がわかる。収納した年貢米を領内の村に払い下げて調達をはかったのである。

八月一二日に寺領の山の見分に代官松山氏が出張している。山からの材木その他の収益も領主財政に当然関係していたであろう。山の維持・管理に領内の村々があたっていたことは先にみた罰金事例からも明らかであろう。一二月五日には「今日より三カ村立会勘定致候事」と書かれている。「委細儀別帳面有之」ということで詳細はわからないが、八日に「勘定決算」とあるから、物集女・九里村からも担当者が出張してきて四日間をかけて完了したことがわかる。天皇領の村々とはまた別の、年貢収納その他をめぐる領主＝寺との関係を示しているといえよう。

第三章　幕末期天皇領村落の動向

（一）慶応三年の村明細帳にみる生産と生活

幕末期の天皇領山科郷農村の生産と生活の概略を村明細帳によって見ていこう。現在のところ慶応三（一八六七）年の史料が大宅村と西野山村で確認されている。大宅村については寛保三（一七四三）年の村明細を前著で紹介したが、それと比較すると慶応帳も調査事項はまったく同じである。なぜ慶応三年という時期に報告を求めたのかはわからないが、両帳を比較することで、幕末期までの変化と幕末期の生産や生活の有様を知ることができよう。明細帳の記載順に見ていこう。

村高や田畑の等級などは全く変わっていない。最初の変化は上田の「両毛作」でみられる。寛保三年には九町四反二畝一八歩（高一三二石九六四合九）であったが、それが慶応三年には六町四反二畝一八歩に減少している。三町歩ちょうどという減少値はいささか作為的な感じがしないでもないが、減少したことは確かであろう。裏作の麦栽培面積減少の原因の一つは表作の米の品種の変化ではないかと考えられる。収量の多い、しかし成熟の遅い晩稲の栽培が普及して、麦栽培期間を圧迫したのではないか。なお、減少分と同じだけ「片作」が増加しており耕作放棄ではないことがわかる。

次は下田一作面積の減少である。その理由は「申より巳年まで拾ケ年」などの鍬下引きの存在である。鍬下引きとは一定期間の年貢・諸役を免除し収量の回復をめざすことであるから、幕末期の生産不安定状況が下田に集中的に表れたと考えられる。

第三の変化は役藪や山の表記である。朝廷に箏や竹を納める役藪が寛保の七二〇五歩から一七か所へ具体性が薄れた表記になっている。また百姓持山三三か所が二三か所（「惣山」七か所、「持山」一六か所）になっていて、状況の変化を示している。

戸数と人口は明確に変化している。寛保の九六軒（高持四一・無高五五）が慶応には七二軒（郷士二六・無高三七）へ、また人数も四三八人（男二三〇・女二一一）から三四九人（男一六五・女一八四）へ減っている。慶応の戸数総計と内訳の数値が一致していない。写し作成の際の誤りと考えられるが、幕末期の戸数減と住民構成が変化したことは確かであろう。男女比が逆転しているのは偶然であろうが、一戸当たり人数は寛保四・五六人、慶応は四・八五人でむしろ増加している。戸数・人口減少の原因を考えるとき、寛保の無高五五と慶応の無高三七の差は示唆的である。

寛保では無かった住民の身分について慶応では郷士の記述がみられる。「禁裏様御由緒有之諸御用相勤来り且非常之節御門為通行御鑑札郷士一人毎ニ御所様より御下渡ニ相成有之候」とある。郷士が宮門の警備にあたっていたことは前著でふれたが、さらに御所で緊急の事態が発生したときに駆け付ける任務が加わり、そのための通行鑑札が郷士各人に配布されたのである。また郷士層の大般若経転読、朝廷からの下行米などは前著でふれたからいちいち引用はしないが、郷士の存在や活動を強調する記述になっている。

関連して住民の状況を職種で見よう。寛保では大工・桶屋・医師各一戸と商家五戸（餅屋、わらじ・煙草商い、油・醤油・酢商い、薬種商い）があった。これが慶応では大工、木挽き・桶屋各一戸、杣二戸、「木柴」（燃料用雑木商いか）三戸、煎餅屋二戸、油屋・米屋・わらじ商い・牛馬医各一戸とはるかに多彩になっている。幕末においても農業主体であることは変わりなく、いずれも農業との兼業であろうが、街道沿い村落の動向として注目されよう。

多くの項目の記述は変化しないか、簡略化している。例えば寛保では溜池三九か所の名称が一つ一つ列挙されていたが、慶応では「溜池四十三ケ所」とあるのみである。そういう中で質地値段だけは上田一反銀四〇〇匁が慶応には八〇〇匁と倍増している。一方、質地小作料は上田一反米二石から一石六斗へ減少している。質地値段の上昇は質地取得費の増大に関係し、質地小作料の上昇と結びつくと考えられるにもかかわらず減少したという。質地取得を目指す層の増加も背景として考えうるなど、地主小作関係の実態を明らかにし、実例にもとずいて確かめる必要があろう。

農業生産に関する記述もほとんど変わらないなかで、稲の品種名の変化が興味深い。寛保では「小久保早稲・荒木・掌塚・戻木・福島・華原・ずさら」であったが、慶応では「醍醐早稲・田上早稲・江州・目黒・高宮・こぼれ」となっていて、一致するものはない。同一品種でありながら名称が異なっている場合もあり、まったく変化したとはいえないかもしれないが、ご存知の方からご教示をお願いしたい。

大宅村の慶応三年村明細を寛保のそれと比較しながらみてきたが、続いて西野山村の慶応三年村明細帳（山科神社文書、以下西野山村関係史料は断らない限り、同神社文書である）をみよう。

西野山村は盆地南西部に位置し、村高八一九石九六九合で郷内では勧修寺村に次ぐ大きさである。水田が優越するが比較的畑作地の比重が高い状態から徐々に水田の比率を高めていく歴史を歩んできたと考えられる。干害に苦しむことがあり、村財政の窮乏に悩む村であった。『京都の歴史』山科区資料篇所収の史料（「村借銀取調帳」）は文政四年の秋に、村の借銀が銀二二貫余になり、そのなかに「潰れ百姓九人之損銀」二貫五九八匁余や「安之丞引負ニ相見へ申候」九貫七〇〇匁余があって、その返済のために庄屋安之丞が家屋敷や田畑を提供したとする。

前著では寛政期の年貢滞納問題にふれたが、そこに見られる年貢定免を強要する領主側と検見取を願う村との

表3　西野山村耕宅地の構成

		上田（1.4石盛）		中田（1.2石盛）		下田（1石盛）	
		面積	分米	面積	分米	面積	分米
		反畝歩	石合				
田	両毛作	170.0.00	238 000	42.3.00	50.800	31.3.05	31.317
	水田	59.1.23	82.846	49.3.23	59.256	35.1.19	35.163
	木畠成	1.2.00	1.68	2.25	.340	4.0.07	4.023.3
	手余り悪地	1.2.00	1.68	14.0.15	16.860	32.3.29	32.396.7
	堤敷成	2.06	0.440.2			5.0.21	5.070
	計	231.7.29	324.646.2	106.0.13	127.256	107.9.21	107.970
		上畠（1.3石盛）		中畠（1.2石盛）		下畠（9斗盛）	
畠	畠	54.4.19	70.802	19.3.26	21.325	25.2.08	22.704
	木畠成	15.6.09	23.319.6	10.1.03	14.121	12.2.08	11.904
	藪地	3.1.21	4.233	2.9.09	3.223	2.7.05	2.072
	堤敷	2.02	0.264	0.04	0.014.6		
	計	73.9.21	98.686	32.4.12	38.683.6	40.1.21	36.680
屋敷				無地弁高			
	田屋敷	2.1.00.	2.100.	85.0.06	93.626		
	畠屋敷	59.8.25	71.206.9				
	計	61.9.25	73.306.9				

注　慶応3年西野山村村明細帳（山科神社文書）による。

対抗関係は幕末まで底流となって続いていたと考えられる。

村に残る慶応三年村明細帳の写しは表紙を欠くが、内容には影響はない。記載項目は先の大宅村の村明細と同一である。まず田畑の概略をみよう（表3）。田は両毛作と「水田」で構成される。上田のみ両毛作である大宅村と異なる。また「水田」は大宅村の「片作」と同一であろう。石盛は上田一石四斗以下両村共通である。

両毛作は上田では七〇％を超えているが、中・下田ではかなりさがる。条件のいい上田では広く麦との二毛作が行われていたが、すべての田でおこなわれていたわけではないことがわかる。

次に「木畠成」・「手余り悪地」・「堤敷成」・「藪地」などの生産不安定地と「無《む》地《ぢ》弁高《まどいたか》」の存在が注目される。「木畠」の定義はおこなわれていないが、本来水田や畑であったところが、藪に近い状態になって、努力して労力をつぎ込まないと収穫を得られないような土地ということであろう。「手余り」も定義はないが、耕作引き受け手のない土地であろう。このような土地が田の一三%、畑の三八%余に及んでいる。耕地の状態がかならずしも安定的とは言えない状況の反映であろう。

「無地弁高」も村明細には説明はないが、寛政七（一七九五）年の「口上書」は「是迄段々潰れ申候百姓共村方江指出シ申候」土地としている。潰れ百姓・欠落百姓の出現と、彼らの土地を引き受ける村民がいないという状況にあることがわかる。それは質の悪い土地が多いからで、また請作する村民がいたとしても、その「宛米」（小作料）も反あたり二～三斗でしかなく、土地に懸かる年貢との差額を村が負担することになり、村財政の窮乏に直結する。村を構成する個々の農民はかならずしも困窮していないにもかかわらず、村としては窮乏する。このような状況が庄屋私財提供一件の背景であろう。そのような状況が幕末まで続いているとしているのである。

農業生産の様相をみよう。水田の用水は「山川洪水掛り」と「天水場」と半々で、畑は「不残旱損場所」である。「山川洪水掛り」とは谷間の細流を用水にしていることと考えられるが、それさえ半ばで、雨水に頼り、降雨に期待するしかないという。縦横一五間×四四間の溜池があるが、「百姓自普請仕候乍去《さりながら》多分水溜り不申」、自分たちで工事するが、水は十分には溜まらないという。また一五か所の「出水かへ上所」をあげる。「田地之かみてニ御座候、皆水ニ成候得ハかへ上け申候テ養水ニ致候」とある。貯水の様相を想像するしかないが、水不足に苦しんだ状況のわかる表現といえる。用水に詳しい方からのご教示をお願いしたい。

百姓持山は一四か所、「惣山」（村共有林）は一か所で「小柴・草共村中入込刈上候」とあり、共同で利用していることがわかる。なお御用藪は一三か所であった。

戸数は六三軒（うち一〇軒は郷士）で、高持四八、無高一五戸である。人数は二八〇人（男一四一人、女一三九人）。後でみる嘉永五年宗門帳では五二戸・約二五〇人であるから若干の増加である。牛一〇頭がいる。寺は四カ寺、庵一。氏神は岩屋人明神。境内は除地で、石の鳥居があり、正徳五（一七一五）年に芸州浅野氏の家中進藤彦兵衛が寄進したという（なお現存の石の鳥居に刻まれた年号は万治三（一六六〇）年である。村明細がいう鳥居は別の場所にあったと考えられる）。この進藤氏の由縁を以て大石内蔵助が元禄年中当村へ罷り越し、しばし住居したという。禁裏からの下行米は一石五斗、大般若経転読下行米四石五斗は大宅村で触れたところと変わらない。宮門警備にあたる郷士の通行鑑札についても同様である。なお村には一一挺の鉄砲があり、そのうち九挺は郷士が所有しているという。

池宮・宮川・中飛川・三才川の記述については省略して、農業関係に移ろう。当村の土質は「直土」でよくない、としている。「直土」とはどのような土か、ご教示をお願いしたい。

田畑の質地値段および小作料は上田一反当たり銀三七〇匁ぐらい・小作料米は一石三斗、中田二九〇匁・一石二斗、下田二〇〇匁・一石一斗、畑質地値段はなく（標準となるような値段がないという意味で、畑質地がないという意味ではないであろう）、畑の小作料は上・中・下畑とも三斗五升である。いずれも大宅村より低水準である。

稲籾は彼岸より七日ほど過ぎてから水に浸けておき、八十八夜の前後に苗代に蒔き、五月の節句より田植え、刈入れは秋の土用にはいってからである。播種量は上田一反につき八升で、中・下田は各一升増しである。品種は「早稲・黒目・こぼれ・白ひげ・江州もち」。上記の大宅村とは「こぼれ」が一致する。黒目と目黒も同一の可能性がある。「早稲」を大宅村の醍醐早稲・田上早稲と、江州餅を同じく江州と同じとみればかなり一致していることになる。郷内に優良品種についての情報が広がっていたとみられよう。

水田裏作の大麦・小麦は一〇月に蒔きつけ、翌年五月刈り取り。一反当たり播種量は大麦一斗六升、小麦一斗二升である。粟や大豆は四月中に蒔き、八月に刈り取り、蕎麦は八月に蒔き、六〇日ほどで収穫する。肥料は尿で、夏作で二反に一九〇匁くらいを施す。冬作は四反に□□（虫食いのため数字を読めない）。ただし、御所への御膳米の肥料は尿ではなく、油粕・灰・草藁・雨露のかからない床下などの土である。

比較のために大宅村の状況も見ておこう。寛保も慶応もほとんど変わらないが、稲の種籾は春彼岸前浸水、苗代へは立春より八四・五日目、田植えは五月節句前から半夏生まえに植え仕舞、秋彼岸すぎから土用あたりまでに刈り取る。その他西野山が触れない作物では綿（四月蒔きつけ、一〇月までに収穫）、秋大豆（五月植付、秋土用までに収穫）、たばこ（春彼岸蒔きつけ、五月に植付、八月に収穫）などである。

村民の「稼ぎ」は西野山村では、男は山・竹藪から木や竹の切り出し、その運送の駄賃稼ぎをする程度で、もっぱら農作業に従事、女はその手伝いという。大宅村では男は耕耘、地拵え、牛馬遣い、京都へ屎取り、稲植付、稲刈り、麦作、薪取り込みなど。小百姓や水呑は耕作の外に駕籠かき、小上げ賃取、藁工作、をする。女は苗植え、麦打ち、田草取り、稲扱き、籾摺、木綿織をする。

大宅村の記述がはるかに多彩であるが、それは西野山村でも当然行われていたであろうとおもわれる内容である。寛保以来ほぼ同じということは、慶応の村明細が寛保の記述をそのまま写したからと考えられるが、幕末期まで上記のような農作業や駄賃稼ぎが大きく変わることなく続けられてきたことをも示しているといえよう。

（二）西野山村の住民構造

村明細の記述をふまえて農六三戸（高持四八、無高一五）、そのうち郷士一〇戸という住民の存在状況を、ややさかのぼるが、嘉永五（一八五二）年の宗門帳でみよう。嘉永五年を選んだのは現在のところ村全体を見ることのできる唯一の年だからである。

嘉永五年に小堀勝太郎役所に提出された五冊（の村控え）の表題は以下のようである。

① 禁裏様御本領　宗門寺請並家別人別帳外ニ牛馬員数共（極楽寺分）
② 同上　（明顕寺分）
③ 唯一神道建物並人別帳

④　禁裏様御本領切支丹宗門御改並棟数人別帳
⑤　四冊合惣家数人別帳

①②がいわゆる宗門人別帳である。西野山村にある浄土宗知恩院末極楽寺および浄土真宗仏光寺派内奥之町にある浄土真宗明顕寺それぞれの旦那一軒ごとに、持高・家屋敷および戸主とその家族の氏名・年齢さらに牛馬所有が記載されている。③④は村内にある岩屋神社および妙応庵の神主・庵主の人別帳である。⑤は表題どおり各種建物と住民の集計帳である。

宗門帳の分析にあたってはいくつかの困難点に注意が必要である。

第一は上記のように二寺の帳面がそろわないと村の全体がわからないことである。

第二は人別と棟単位の把握の混乱である。後に実例を見るが、人はいなくても建物はあるという事例の扱いがはっきりしない。

第三は持高がある者で武家の家中となる、あるいは奉公人となる事例の扱いがはっきりしないことである。

以上を念頭においてまず家族構成と構成員の動静をみていこう。嘉永五年三月時点で西野山村には寺社関係を除いて五二戸と約二五〇人が居住していた。人数がはっきりしないのは、上記①②帳と④帳の数値が一致しないからである。朱書などで出生・死亡・移動が記録されているが、集計時点によって混乱があったようである。

五二戸のうち単身戸は二戸で、五〇戸はなんらかの家族を構成している。奉公人は全く記載されていないから、家族はすべて血縁者である。血縁の範囲も叔父・叔母、甥・姪、従兄弟・従姉妹までで、その記載例は少数である。したがって、主要な家族形態は夫婦とその子供からなる単婚家族である。それに加えて親夫婦（のどちらか）がいる戸が戸主の兄弟姉妹がいる可能性があり、比較的家族数の多い戸を形成しているといえる。

住民の動静についても記載時期の混乱があるが、少なくとも婚姻六例、他所への奉公二例がわかる。婚姻は京伏見街道町へ一人、郷内他村（勧修寺村）へ一名、他は村内である。他所奉公は京大仏正面こしや吉兵衛方と同じく京建仁寺町竹屋吉兵衛方である。婚姻、他所奉公ともその意味・意義を考察するためにはさらに年次を重ねて追及する必要があろう。

住民の持高状況は三六石余一戸を最高として、二〇～二五石三戸、一五～二〇石四戸、一〇～一五石一〇戸、五～一〇石一八戸、一～五石七戸、一石以下三戸、無高六戸である。ただし、そのうち一戸（一名）は一四石六三五合五の高持ながら「勝手ニ付」遠く離れた和束郷中村の叔父の家に同居しており村にはいない。また一四石余の高持などの武家家中や武家奉公人も「人別外ニテ御座候得共高持百姓ニ御座候故前々より如此ニ相認メ御断申上候」という扱いになっている。これも高持だが村にはいないのである。このような存在がどのように扱われていたか知るところはないが、居住と年貢負担との関係が複雑になっているであろうことが容易に想像される。さらに、「勝手ニ付伏見醍醐屋方へ家内不残引越し参り株絶仕候」一家（無高）も人別には記載されているが、実は村にいないことが引用した注記で判明する。

以上のように村に居住するとはなにか、またどの時点で居住ととらえるのかが曖昧な部分があるが、棟別人別帳によって家別の状況をみよう。棟別調べの対象は屋敷地所有者とその面積、借家屋敷の所有者・面積および各種建造物である。屋敷地の広狭は五〇坪未満から四〇〇坪までさまざまで、持高との対応はほぼみられない。屋敷借地戸は二八戸である。借屋敷地面積は五〇～一〇〇坪前後が多い。貸地主は七人、ほかに村持ち（村預かり）屋敷地があり、その借用者は九戸で、その内訳は無高三戸、一～八石所持者六戸である。なお、明顕寺旦那一二戸のうち一戸のみ一五〇坪の屋敷地を持つが、他の一一戸は高持も無高もすべてその一戸から四〇～七〇坪の屋敷地を借地している。京都大火後、越中からきた人々で京都仏光寺内明顕寺の旦那であった人々が西野山に移住したと伝えており、リーダーの一戸の下にまとまっている様相がうかがえる。

建物は「本家」（居宅）・土蔵・小屋・門などである。借家戸は高持二戸、無高一戸のみで他はすべて持家である。家の規模は梁・桁の間数で示されているが、持高と有意の関係はみられない。ただし門（腕木門・長屋門）所有の三戸は大高持層である。

最後に牛所有状況を見よう。全二一頭の所有は持高一〇石以上七、一〜一〇石八、一石以下四、無高二である。下層の所有は農耕用ばかりでなく、荷物運搬による駄賃稼ぎ用でもあったろう。

「居住」の内容が複雑化していることをみたが、これを年貢その他の負担の面からみたらどうか。現在確認される嘉永五年宗門帳に最も近い年次の年貢等関係史料は嘉永七年の「寅年免割」である。ところどころ虫食いのため判読困難な部分があるが代官所に提出された冊子には、庄屋・年寄・惣代以下百姓五〇名が記載されている。

この年の年貢は三二六石九〇一合八夕で村高にたいして四〇%である。これは今後確かめなければならないが年貢定免年期中の比率であろう。この年の「当皆無」（収穫なし）はわずか二石八五三合で平年作として定免が適用されたのであろう。

嘉永五年と同七年の史料を対比すると、氏名・持高とも一致する者一八名、氏名が一致し持高は減少している者九名、逆に持高が増加している者一二名で、寡婦であろう女性四名を含む一一名は関連不明である。ただし、嘉永五年持高五〇四合三夕の戸が七年に一五石四七四合六夕になっている事例をみると、村が不在者の持高を預かりそれを請作させていることがわかる。「免割」の年貢賦課額がそのまま持高を反映しているとはいえない事例を含んでいるのである。村民の存在形態が複雑化していることは確実であろう。

（三）幕末の政治・社会情勢と村落

先に嘉永七＝安政元年の政治・社会情勢にふれたが、その後、さらに激動していくことは周知のところである。開国・攘夷、尊王討幕・公武合体、さらに大政奉還・辞官納地討幕をめぐって政治的変動が続き、この間に各地で一揆・打ちこわしがおこり社会的変動も拡大した。

この間の経過を山科郷の人々がどのように見つめ、どのように対処しようとしたかはまだ十分に明らかになってはいない。山科郷民のうち郷士層が御所・宮門の警備などを通じて朝廷との結びつきを強め、「御守衛士」や銃隊員となり、その一部は鳥羽伏見の戦いや東山道東征軍に参加したりした。さらに、惣頭や各村郷士惣代を中核とした郷士組織が郷政や村政を握り、郷士と郷民から老若合わせて五〇〇人（さらに予備五〇〇人）を組織し、「為御国恩郷中読み合わせ」を行い、「一致決心之覚悟ヲ以て御警衛仕候」という「口上」を朝廷に提出したことは前著でふれた。

このような郷民をまきこんだ組織が現実に実現し、日常的に活動していたかどうかは確かめられていないと考えられる。五〇〇人といえば予備は別としても天皇領村々にとって少なからぬ負担であり、郷士にしてもその農業者的性格から考えて、恒常的に農作業から離れることは困難であったろう。ただこのような動きが情勢の変動の中で郷土防衛的な方向に作用したであろうことは容易に考えられる。政治的変動の中心地であった京都の郊外の、しかも江戸をはじめ東方から入洛しようとすれば必ず通る東海道が郷内を走っているのである。

幕末期の情勢への山科郷の対応をややさかのぼって見ておこう。まず安政元年四月の京都大火である。この大火で御所が焼けるが、前著で紹介した天明の大火のときと同様に山科郷からも大量の人足が動員された。翌安政二年三月の「御炎上ニ付宰領人足書上帳」（比留田家文書）によって概略をみておこう。

村別の数値は省略するが、出火当日の四月六日から翌七日までの人足は六八一人、宰領六三人であった。三人一組で対応したから実際の関係人数は二〇四〇人にのぼる。一人に付き「飯料」として二〇〇文を支給した。また四月八日から五月二日まで「定詰」を命じられ一三三一人（宰領九六人）を動員した。二人一組の対応で関係者は二六六二人である。

「御用白米搗き上げ」（白米一一三石一九八合）関連は米搗人足（飯料一五〇文）、運搬人足（飯料五〇文）とその宰領である。さらに「御膳籾」一〇石五斗（四月中三回）、「御膳米」二〇石五斗三升（五～七月六回）を御蔵庭で受取り、当面建物が焼けて御庭で搗き立てができないから郷内の御陵村まで運搬するその人足・牛馬と宰領、御所の搗き屋修復後に納入した「御膳米」二石九六四合三夕の費用など総計銭一〇七八貫五〇〇文と届け出ている。実際にいくら支給され、それが各村に配分され、さらに動員された村人に渡ったかまでは確かめられないが、影響の大きい出来事であったことがうかがえよう。

安政三（一八五六）年一〇月、山科郷の天皇領全村が代官所に嘆願の「口上書」（比留田家文書）を提出している。

「当田方立毛之儀植付後夏以来長々日照り強く相続き村々御田地一円及旱魃、立毛立枯れ皆無大痛み等ニ相成」、今年は夏以来の日照り続きで稲が立枯れ、収穫に非常な影響がでている、検見をお願いしたところ日岡・北花山・西野山・東野の四カ村のみ許可されたが、他の村は定免年期中ということで検見は認められなかった。そこで村方で「内検見」したところ坪当たり二～三合の米収穫の田が多い。それさえも「追々立毛白穂」になり、実際に収穫してみたところ、さらに減少し、しかも「いづれも虫付き不熟……摺り上げこなし見候得バ青米夥しく」という有様で「一向取実無之案外之凶作」になった。年貢徴収について配慮をお願いしたいという嘆願である。幕末期においても自然条件は変わらず、旱魃に苦しんだことがわかる。

文久元（一八六一）年一〇月、和宮一行が長大な行列となって山科を通っていった。多数の郷士が供奉を命じられ、動員された。そのため「郷士共多人数出府仕居殊之外無人罷在」、郷士が多数出府して人のいない状態になった。そのことは何をもたらすか。「田方立毛取入畑方諸作蒔付等相掛候」時期、すなわち秋の米収穫の時期、いろいろな作物の種まきなど作付けの時期に動員されて無人の状態になっては農業が成り立たない、御所御門の警備を軽くしてほしいと訴えることになる。

さらに翌文久二年一〇月には次のような命令が出ている。

「来春御上洛ニ付御馬飼葉干草幷新藁等多分御入用在之……当郷村々高百石ニ付干草目方弐十貫目新藁拾抱括弐拾束宛之積を以手当可貯置」

翌文久三年三月の将軍家茂の上洛に備えて、馬の飼葉用に干草二〇貫、新藁二〇束を蓄えておけというのである。山科郷では新藁はなんとかなるが干草二〇貫は無理だということで削減を願い出ている。その結末は定かでないが、将軍上洛は実現し京都の諸物価が高騰したという。山科郷への波及が容易に想定されよう。

翌元治元（一八六四）年五月二八日には山階宮が天皇に「大石御献上」ということがあり、その運搬のため人足五〇人の動員がかかっている。これまた田植え時期である。影響必至ということで、結末はわからないが、反対せざるをえなかったであろう。

同じ年の六月には京都町奉行から「硝石製造ニ付床下土有無見分」の触れがでる。火薬の材料となる硝石のため家の床下を調査するというのである。これに対し山科郷では天皇の御膳米の栽培には尿ではなく、「雨露不懸古土」に油粕を混ぜたものを用いている、調査されては御膳米献上に差し支えるという論理で抵抗している。

同じ六月、情勢は床下土どころではなくなっていく。長州藩が兵を率いて天龍寺に結集、対する幕府は六〜七万の兵を洛中、洛外に配置したという。七月には蛤御門の変で長州藩は追われ、京都は大火に見舞われる。京都町中は治安が悪化し、町を自衛する動きがあったといわれるが、山科郷も敗走兵などで緊張を強いられている。

これも緊張の一例であろう。七月一九日の蛤御門の戦いの際、宮中から剣五振り入りの唐櫃が宮中出入りの蔦屋・上田屋から大宅村の百姓宅へ運び込まれた。勘使所からの沙汰で三ノ宮神社の宝蔵へ移して、郷士二人、人足一〇人で警備し、八月晦日に無事返したという。

慶応元年五月の郷士惣代六名連名の「口上書」は警備要員郷士延べ八〇人、人足同五二〇人でその費用は「郷中ニて賄」っているとしている。「御褒美幷相当之御手当」の要請であるが結末はわからない。

続いて長州戦争に備えて人々の動きが激しくなる。山科郷も当然その波をかぶる。「所々林・竹木・田畑立毛猥《みだり》ニ取荒」す被害が広がる。山科郷では信長・秀吉以来の制札を要求している。その効果があったかどうかは確かめられないが、長幕戦争のための軍兵の結集はただちに彼らの宿舎の問題を発生させる。慶応元（一八六五）年「口上書」は次のように伝えている。

今般長防為御征伐御進発御上洛被為在《あらせられ》候ニ付三条通ニて西ハ蹴上東ハ追分北ハ山限り南ハ渋谷峠見通し限り

寺社ハ勿論百姓家等迄三間《みま》以上之分不残書出被仰渡

このたび長州征伐のため上洛するが、それに備えて三条街道は追分・蹴上間、北は山裾まで、南は渋谷峠から見通すところまでの間の寺や神社はもちろんのこと、三室以上の部屋のある百姓家を残らず書き出して報告せよ。これに対し山科郷は報告書を提出したが、同時に要求も出している。山科郷は禁裏本御領として諸御用を勤めてきたが、昨年以来は「非常之節」一五歳から六〇歳までの者が御所に駆け付けることになっていて、そのため御所の御門出入りの「印札」ももらっている。もし御所表に「非常并臨時駆付」があれば、また「日々農業ニ罷出」るから、「御上京重キ御役人中様方」が宿泊しても世話できないおそれがある。報告書は出したが実際の宿泊はやめてもらいたいというのである。

現在のところ実情がどうであったかを知らせてくれる史料はみいだせていないが、部屋数取調に対応したと思われる慶応元年六月の大宅村「村中間数取調帳」を見よう。記載内容は「郷士」・「百姓」それぞれの戸の戸主名と家族数、家屋の部屋数と各部屋の畳数、風呂・雪隠《せっちん》の有無および持っている牛数である。

この年、大宅村には単身戸は無い。三人家族の家が郷士で四戸、百姓で一一戸計一五戸ある。これをピークとして、二～八人家族の戸がほぼ同じ規模で存在している。すでに宗門帳で確かめた単婚家族中心の家族構成であることがここでも確かめられる。

安政三（一八五六）年の「家数人別寄帳」によれば、六〇石以上所持の大高持を筆頭に二〇石以上郷士七戸・百姓一戸、一〇～二〇石郷士五・百姓三、一〇石以下郷士五・百姓八、無高郷士四・百姓三四である。すでに街

表4　蔵米・郷米・「村相場」

単位：銀・匁

年次	蔵米	郷米	「村相場」
天保12	89	84	72.5
〃 13	78	73	69
弘化2	110	95	81.5
〃 3	97	8□	73
嘉永2	115	103	
安政2	87	76	65.3
〃 3	86	80	72
〃 4	113.5	109	97
〃 5	146	140	127
〃 6	143	136	116
万延元	196	1□5	1□□
文久元	140	134	1□□
明治元	7両	7両	6両1分

道沿い村落として農業以外の職種の多さを紹介してあるが、それが無高百姓の多さに反映しているといえよう。牛の所有も郷士が二二戸中一〇戸、百姓が四九戸中九戸である。

部屋数は一戸一室から一戸七室まで差がある。なお一部屋の畳数は八・六・四畳が圧倒的に多い。郷士の家は四室・畳数計二〇〜三〇畳クラス九戸をピークに上下に分布している。一方、百姓は二室・畳数計一〇〜一二畳の規模に三一戸が集中している。集落の景観を想像させるといえよう。風呂は郷士二二戸中一二戸、百姓四九戸中九戸が持っている。雪隠は郷士九、百姓二である。農業経営で上層を占める郷士層と一戸一室の無高層の差は明らかである。なお雪隠とは座敷縁側の先などに設けられた便所であろう。いわゆる厠《かわや》は当然ながらどこの家にも屋内か屋外にあったであろう。

いくつかの村々を対象として幕末期の政治的、社会的変動のなかにおける住民の様々な状況をみてきた。このような検討をさらに郷内の村々について進めなければならない。そのためにも政治的、社会的変動は経済的変動を伴って、郷内のすべての人々に影響を与えていたことを確かめておかなければならないであろう。

山科神社文書のなかに西野山村の年貢に関する「年貢米小前帳」あるいは「年貢米請取帳」がある。虫食いがひどく、なかには開けないものもあるが、なんとか表紙だけは判読可能な冊子もある。そのなかに「蔵米相場」、「郷相場」、「村相場」が書かれているものがある。それぞれがどういう性格の相場であるかは今後も検討していかなければならないが、書かれている数値が米の値段であることは、年貢関係帳簿の記載であることから容易に推測できる（表4）。

「蔵米相場」は京都町奉行が発表する官製の米相場であろう。年貢代金納や蔵米払い下げなどの際の相場である。「郷相場」は山科郷に米相場が立ったという事実はないから、郷入用の決済に用いられたものと推定される。「村相場」は「自払い」、「地米」、「惣作米」などとも書かれている米値段である。村々で日常的に用いられ、村入用や惣作の決済に用いられたものであろう。郷相場は蔵米相場よりやや低く、村相場は最も低い水準を示している。

各数値は時々の豊凶なども反映していると考えられるが、明らかに安政五年開国以降の上昇がわかる。文久・万延期のように虫食いで数値の確定が困難な時期でも一〇〇匁台であることは間違いなく、上昇した水準で推移して明治に至っている。

米価（相場）の高騰はおそらく他の物品の値段の値上がりをともなって、年貢を納める者にも、納めることから排除された者にも影響したと考えられる。

第四章　明治初年の山科郷

（一）江戸から明治へ

慶応四（一八六八）年一月三日、鳥羽・伏見で戦争が始まった。戦闘自体は七日にはだいたい終わったようだが、淀や伏見の多くが焼けた。このニュースはすぐに山科郷にも伝わったに違いない。続く日時の間に設置場所の変更をともなって役所の名前が次々と変わり、閏四月末になって京都府となった。山城国宇治郡に属する山科郷を含む京都近郊の代官支配地が京都府の管轄下に入る。

九月八日には年号が明治と改まる。一世一元の制が敷かれ、天皇が変わらなければ年号も変わらないことになった。その明治天皇は九月二〇日に江戸（東京と改める）に行き、年末に戻ってくるが、翌二年三月にまた東京に行き、今度は戻ってこない。

山科郷では郷士が苗字を名乗っていたが、三年九月には平民も氏を名乗れるようになる。四年一月には寺社の除地が収公され、山科郷ではたとえば岩屋神社が対象になった。その後の経過もふくめて『岩屋神社史』に詳しい。

四年四月、戸籍法が定められ、翌五年二月から実施、宗門改めから戸籍に代わる。七月には廃藩置県によって藩が無くなり県になる。山科郷には関係なかったが、藩名がそのまま県名になり合併や名称変更を繰り返す地域もあった。

五年になると二月に江戸初期以来の土地永代売買禁令を廃止し、土地の売買を自由とした。事実上の売買はすでに広く行われてきているが、土地移動の自由化の意義は大きい。七月には土地所有を証明する地券の交付が始まった。

六年六月には江戸時代を通じて行われてきた石高制をやめて反別が基準となり、七月には地租改正条例が出され、翌八年にはいって改租作業が本格化する。その八月には京都府でも郡部の改租が始まる。

以上は年表からサッと拾っただけだが、時代が大きく変わろうとしていることが感じられる。この間、京都府下の宇治郡に属した山科郷もまた幾度かの行政上の変動を経ることになる。

明治五年大区小区制のもとで、山科郷は宇治郡を構成する四つの区のうち第二区と第三区に編成された。宇治郡第二区は東野・西野・川田・北花山・上花山・椥辻・大宅・大塚・音羽・小山・四宮・安朱・上野・御陵・厨子奥・髭茶屋・八軒・日岡・清閑寺の一九カ村、第三区は勧修寺・小野・栗栖野新田・西野山・北小栗栖の五カ村である。各村の庄屋は戸長と名称を変え、区には区長（第二区は山科郷惣頭であった土橋家）がおかれた。さらに六年一二月にはふたたび大規模な区制改革がすすめられ、二区と三区が合併し宇治郡第一区となった。

少し先までみておけば、この区分は明治一二年の郡区町村編成法によって改変される。宇治郡第一組は西野・北花山・大塚・音羽・小山・四宮・安朱・上野・御陵・厨子奥・髭茶屋・八軒・日岡・竹鼻の一四カ村（このとき清閑寺村は愛宕郡へ）、第二組は勧修寺・小野・栗栖野新田・西野山・東野・川田・上花山・椥辻・大宅・北小栗栖村の一〇カ村である。この体制は明治二二年市町村制施行の際に北小栗栖村を除いて二三カ村が合併して山科村になるまで続く。

興味深いのは以上のような行政区分とは異なる学区編成が行われたことである。「宇治郡第弐区東野村小学校組合村々」（土橋家文書）という一紙文書によると、各村戸長と戸数および生徒数は表5のようである。この史料

表5　明治初年の戸長・戸数・小学校生徒数

村名	戸長	戸数	生徒数	男	女
上花山	粟津松之助	21	1	1	0
北花山	長澤留之助	35	9	7	2
川田	増田政治郎	60	8	5	3
大宅	竹本甚右ヱ門 大沢平九郎	68	24	16	8
大塚	中村平兵衛	49	15	7	8
音羽	八木藤兵衛	70	25	15	10
小山	中山太左衛門	53	14	11	3
四宮	草川勘四郎	51	20	15	5
竹鼻	岡田新兵衛	48	17	13	4
上野	大島四郎右衛門	10	2	2	0
厨子奥	竹内幸助	21	1	1	0
御陵	?	89	39	23	16
日岡	黒沢儀三郎	47	?		
椥辻	田中万助	41	24	16	8
東野	寺田久右衛門 友田吉右衛門	46	15	9	6
西野	今井与兵衛	74	18	16	2
八軒町	平井伊助	13	2	1	1
髭茶屋町	松尾惣五郎	12	1	1	0
安朱	佃丈之介	61	20	19	1
	合計	869	255	178	77

注　土橋家文書、表題欠一紙文書による。

には年次が書かれていないが、後にみる「宇治郡明細誌」記載の戸長名がほぼ一致しているから、明治四年頃と考えられる。

東野校（山階校の前身）に通う生徒は二五五人である。男子七割、女子三割という割合は時代状況を反映しているのであろう。また、村によって生徒数にかなりの差がある。それぞれに村の事情を反映しているのであろう。平均すれば三割弱の家から小学校生徒が通学していたことになる。

山科にも天保期以降になると江戸時代の学校ともいうべき寺子屋のあったことが知られている。ただし名称のみで、活動内容などは明らかにされてはいない。明治になって国の奨励のもとで学校制度が始まるが、その運営は父兄の負担によってであった。全国をみると学制反対一揆がおきるはどのところもあった。山科ではどうだったのだろうか。

山科郷村々惣代四宮村庄屋草川勘四郎が「御出張庁」に提出した「小学校建営積り伺書」の写しが残されている（比留田家文書）。小学校の運営費用とその捻出の見積書である。

第一は人件費で一二〇両。内訳は教師（「師匠」）三名と「小者」一名の給与で、教師は月給三両、小者は一両。

その一年分。

第二は食費で、米九石と金四〇両。四名の一年分飯米と一日分銭一貫二〇〇文の「菜料」の一年分。

第三は教育・学校運営に必要な経費で、油・炭・松割木・薪の一年分二四両一歩。油は月三升、炭は月平均二俵半、松割木は一か月平均三〇束、薪は一か月五束の一年分。

第四は「席料」（家賃）二四両と「台所向雑具」一〇両。「席料」は月二両である。雑具の内訳はコピー不備で読めないが、机などであろう。

以上の必要経費総額は二一八両一歩と米九石である。米は「壱軒ニ付壱升ツツ差出し候積り」である。郷内の総戸数を九〇〇戸とみていることがわかる。金額のほうは二一カ村の戸数を約九〇〇戸として、「壱ケ年壱軒ニ付金弐朱ツツ」の戸別割拠出で一一二両二歩、「手習児共」約二〇〇人の授業料（一人に付一年金一歩）五〇両。合計一六二両二歩で、不足分は「高掛ノ積りニ御座候」とある。高持百姓が持ち高に応じて負担するという計画である。

以上、宇治郡第二区の小学校運営計画をみたが、「伺書」という書式からみても村側から主体的にという動きではないようにみえる。それにしても山科郷の人々が最初に触れた近代への動きの一つであったであろう。この小学校は本願寺西御坊でスタートしたから、やがて学校校舎の建築問題が出てくるはずだが、御存じの方からご教示を得たい。市史資料編（山科区編）は明治一四（一八八一）年一一月八日付で、川田村の三名が「其組内学校建設ニ付テハ、人材教育之御趣意ヲ体認」して建設資金を寄付したのは「奇特ニ候事」として京都府から褒賞されている史料や、夜学校建設への応分の負担要請が村内の地主に出されていることを示す史料を掲げている。ほかの村々でも同様な動きがあったであろう。

個別の村の動きにもふれておこう。明治二年の暮、京都府駅逓役所という従来にない、聞きなれない名前の役所から官員が小野村に出張してきて「達」を出す。「街道」関係の家数・人数を今日中に調べて報告せよという

表6　幕末～明治初期の年貢・貢租の推移　大宅村

年次	表　　題	課税者	課税額	納入内容
			石　合	
文久元	酉年免定	小堀数馬	293.258	皆米納
2	戌年〃	〃	288.864	〃
3	亥年〃	〃	242.238	〃
元治元	子年〃	〃	248.650	一部銀納3貫734匁23
慶応元	丑年〃	〃	272.866	〃　5貫660匁94
2	寅年〃	〃	247.855	〃　12貫106匁07
3	卯年〃	〃	290.474	皆米納
明治元	辰年租税定状	京都府	279.392	一部米納、264石955合
2	巳年〃	〃	286.663	〃　、184.479
3	午年〃	〃	297.001	〃　、183.337
4	未年〃	〃	318.860	〃　、188.129
5	壬申租税上納割賦帳	〃	323.631	〃　、42.718
6	酉年〃	〃	310.263	全部金納、1512円04銭7厘
7	戌年〃	〃	316.068	一部米納、20円40銭
8	亥年〃	〃	322.696	全部金納、1728円80銭6厘

注　沢野井（清）家文書、各年の免定、租税定状、上納割賦帳による。

のである。村は「往還稼ぎ・人足稼ぎ」の家数一二軒、人数五九人（男三五、女三四）、牛三頭、煮売り茶屋一戸（男女三人）と答えている。これと前にみた天保期の状況との比較は困難だが、当然のことながら明治と改まったからといって俄に変化があったわけではないであろう。

一方で新しい動きもあった。西野山村の明治五（一八七二）年一〇月一〇日の「口上書」は同村民が村内の山から「石粉石」の掘り出しと製品化を申請していることを知らせてくれる。いわゆる砥の粉の製造のほかに石粉も製造を試みているのである。この事業は継続し、明治一三年二月に「鉱山借区税」一九銭三厘を納入していることがわかる。なお村全体の動向は後にふれたい。

最後に、先にみた米相場の動向に引き続き、幕末・明治初期の年貢・租税の動向とその中の変化の様相を見ておこう。

大宅村の年貢・租税の賦課と収納状況が文久元（一八六一）年から明治八（一八七五）年まで判明する（表6）。一見して江戸期の「免定」から明治になって

「租税免状」さらに「租税上納割賦帳」に変わったこと、徴収者が京都代官小堀数馬から京都府知事（長谷信篤、槇村正直）に変わったことがわかる。一方、課税対象としての村高六三一石三九二合（面積五二八反七畝四歩）は変わっていない。これが変わるのは明治九年からである。連年の課税額が変わるのは、村高から皆無引その他が引かれ、口米その他が付け加わるからである。地目ごとの税率（免）の詳細は省略するが、課税の構造自体は変わっていない。ただし、明治五年に課税対象がそれまでの石高から面積に代わる。さらに江戸期は原則として米納である。それが明治に入ると金納の比率が高まり、五年以降はほぼ金納になったといえる。これは山科郷にとどまらず日本全体の変化であったとみられる。

（二）『宇治郡明細誌』にみる山科郷

明治初年、京都府に虫明正磨という官僚がいて、『宇治郡明細誌』を残している。彼は『京都府史』官吏履歴所収の履歴書を見ると、旧岡山藩士で通称猪左衛門、明治五年時点での年齢不詳、明治二（一八六九）年七月二二日に京都府営繕方に着任、翌三年六月二五日権大属に任ぜられている。翌四年一月一八日に「土木掛申付置候処差免、郡政局庶務係申付候事」とあるから、郡政局に転属し、郡関係の行政に携わることになったことがわかる。宇治郡も管轄下に入り、村ごとの概要を知るためにまとめたもののようである。前に見た明治五年からの行政区分が実行される以前の、いわば江戸期の体制を引き継いだ時点での山科郷の概略を知らせてくれる史料といえよう。

同誌の目標は「村内ノ風儀、貧富ノ原由」、「人情向背、田畑肥痩」、「水利順逆、堤防安全」、「里正曲直、勤惰」、「地味適協ノ物産」「伐木石切土砂ノ害」を明らかにすることで、そのため村高・反別、田畑石盛、その他、水旱の害憂、池川の橋・伏樋、堤防修繕の公私、鳥獣の害、社寺・名所旧跡などを質問するとしている。

同誌には宇治郡の種痘医は醍醐村の香川柳塘であるとか、八八歳以上の「高寿人」は山科郷では四宮村兵左衛

にみる明治初年の山科郷

女	牛	水車	溜池	鉄砲	面積	田	畑	屋敷	石高
					反畝 歩	反畝 歩	反畝 歩	反畝 歩	石 合
117	5		43	5	504.4.23	301.9.03	183.3.20	19.2.00	574.424
85	12			9	184.6.18	138.1.07	46.5.11		276.849
12					14.4.26		14.4.26		8.314
138	33		2	4	530.8.00	399.762.4	113.087.6	17.55	513.250
13							15.3.24		13.842
8	23			7	178.2.18	159.0.28	15.3.10		227.920
23							2.4.27		4.095
21					6.4.13		6.4.13		
98	14	1			227.0.12	178.3.12	20.2.04		231.512
31	3	1			27.5.28	24.3.28	3.2.00		
149	27	1	2		175.4.02	143.9.05	31.4.27		235.159
76	10		8	4	268.1.12	147.9.13	63.2.27	39.6.07	368.747
11			2	1	31.8.20	28.9.20	2.9.00		37.995
18	1				82.4.24	37.1.10	45.3.14		101.514
141	14	1	12	9	451.2.23	362.5.04	88.7.19	14.0.16	560.060
	4		2		15.0.11	8.0.05	7.0.06		10.000
99	6				132.2.16	111.0.00	26.8.19	4.3.27	166.525
98	12				266.9.23	167.9.04	99.0.19		310.838
89	19	1			337.1.02	127.4.24	209.6.08		617.466
148	20				508.5.07	343.5.10	164.9.27		723.260
43	5				15.5.18		15.5.18		8.900
120	12				670.1.13	486.0.14	184.0.29		819.695
117	5				202.0.12	152.1.02	69.9.10		295.953
29	5				129.9.12	57.9.16	31.2.26		161.404
86	8	1			236.6.23	122.5.00	88.7.10		306.709
134	5				208.6.24	126.5.11	82.1.13		267.886
205	15	2	9		802.4.10	632.1.09	170.7.00		837.396

略した。

表７　『宇治郡明細誌』

村名	庄屋	年寄	勧業係	戸数（郷士）	人口	男
大宅	竹本勘右エ門	大沢勘九郎 酒井市三郎	川村宇右衛門	47（21）	233	116
大塚	中村平兵衛	本田徳次郎	大島平九郎	36（14）	174	89
（中行燈町）				6	27	15
音羽	八木藤右衛門	福井益次郎	粟津佐兵衛	58（17）	287	149
（神無森）				5	25	12
小山	中村太左衛門	竹谷源兵衛	岩田佐七	50（13）	241	123
八軒町	平井伊助	小林治右衛門		13	48	25
髭茶屋町	松尾宗五郎	沢井吉兵衛		12	40	19
四宮	草川勘四郎	西川八右衛門 西川常八	小谷喜八	38（8）	190	92
（十禅寺）	安原大三郎	井上源七	上田駒次郎	13	58	27
安朱	中沢伝右衛門	佃丈之助	山田市兵衛	60	310	161
竹鼻	岡田新兵衛	伊藤平兵衛	高坂市右エ門	28（16）	150	74
上野	大島吉左衛門	岡田徳右衛門		10	17	6
厨子奥	加名田仲八	竹内幸助	山本伊兵衛	10（10）	38	20
御陵	山本久左衛門	青地孫兵衛	山本伊兵衛	66（8）	304	163
（安祥寺）		森田伝右衛門		14	76	35
日岡	黒沢儀三郎	谷口久左衛門	山田金次郎	53	206	107
椥辻	田中万助	山本吉右衛門	川村仁兵衛	34（7）	202	104
東野	寺田久右衛門	吉川市兵衛 友田吉右衛門	藤井庄七	41（10）	184	95
西野	伊藤要助	今井与兵衛	時野八右衛門	65（13）	306	158
栗栖野	森田嘉右衛門	森田忠八	寺田藤右衛門	14	76	33
西野山	中村宇右衛門	加納作兵衛	丹羽竹次郎	50（10）	239	119
川田				54	248	131
上花山	粟津松之助	林重助	粟津久兵衛	16（5）	67	38
北花山	長澤留之助	林重助	浅井卯之助	33（4）	165	79
小野	小山源次郎	竹村喜兵衛	高橋儀八	48	246	112
勧修寺		中村孝右衛門 麹屋宇右衛門 中村弥介 西川嘉右衛門 堀井弥三郎	林市郎兵衛	81	396	190

注　馬は音羽村６頭のほかは四宮・髭茶屋・安朱各１頭、車は大宅４、安朱１である。表記は省

門の母りつ、勧修寺村の久左衛門であるとか、山科郷士氏名の村ごとの一覧の記事もある。しかし、大判の手帳程度の冊子で、一村一～三頁程度のスペースだから、上記の質問のすべてを網羅することは無理で、村によって表現の幅が異なっている。共通の項目を一覧表（表7）にまとめて、そのほかの記事を補いながら見ていきたい。

なお、同表の戸数は表5の戸数や明治五年の戸数（前著表1参照）と異なりやや少ない村がある。理由はわからないが、明治初期の戸数についてはさらに検討が必要であろう。

『明細誌』にははじめに薄く彩色された数葉の略地図が載っている。郡政局が宇治郡各郷のイメージをつかむために必要と考えたのであろう。そのうち宇治郡北部を形成する山科郷略図は三方を累々たる山々で囲まれた地域として描かれている。赤色でやや太く三本の道が描かれ、その道の通っている集落が黄色に塗られている。道に沿ってみていこう。

まず大津方面から「大津道」（三条街道との表記が多い。東海道）が追分にかかる。そこから少し先には小関越えの細い道も合流し、滋賀郡横木や四宮・神無森・髭茶屋・八軒町・提灯町などが固まって描かれている。その道を進み十禅寺川を越えるあたりから、四宮・竹鼻・安朱・上野・御陵の集落が三条街道の片側あるいは両側に描かれている。御陵から安祥寺川を越えたあたりは御廟野で、人家はなく、道は日岡を経て蹴上まで続いて京へ入っている。慶応年間に開かれた新道（現在の旧国道）も太い線で描かれている。

ふたたび追分へ戻って、そこから分かれて小山・音羽・行燈町・大塚・大宅・小野と続く道も太い。六地蔵街道と書かれている。現在の奈良街道である。この道は小野の随心院前を通って醍醐方面に伸びている。小野で右折し、勧修寺から中茶屋を経て伏見方面へ通じる道も太い。

再び盆地北部にもどって、三条街道の竹鼻と御陵の境界あたりから出た道（現在「五条分れ」の道標がある辺か）を行くと、厨子奥から北花山に至る。そこで道は二手に分かれ、西へ向かう道は渋谷越えで京に入る。南へ下ると上花山・川田から西野山を経て勧修寺村に至る。川田の先で分かれて西へすすめば滑石越えである。

以上の比較的太い赤線の道のほかに細い赤線の道も描かれている。髭茶屋・提灯町を通る旧道は小山で分かれ一つは音羽に向かう。一つは音羽川をさかのぼっているから法厳寺への道であろう。御陵から出て西野を経て四宮川・音羽川を越えて東野に至り、さらに大塚に通じる道、北花山から出て西野・東野へ、そこから藪の中を通って椥辻へ、さらに大塚や大宅への道も細いながら描かれている。

道路や集落のほか周囲の山々から流れ出た川が盆地中央に向かいやがて合流していく様子も水色で描かれている。地図には卜禅寺川・四宮川・音羽川の文字しかないが、盆地西部を流れる安祥寺川も太く描かれている。不十分な描写ではあるが山科在住の方は見当をつけて、また「ふるさとの会」の歴史地図などで現在と対比していただきたい。

『明細誌』の内容に入ろう。山科郷の範囲を朱書で「東ハ逢坂山ヲ限り、南ハ大宅村、西ハ日岡也」としているが、その中の二四カ村を村ごとに紹介している。表7と対照しながら記載の順にしたがってみていこう。

（イ）大宅村　反別のうち田の比率は五四％ほどで、比較的畑の比率が高い。反別のうちに「無地弁高」が六反三畝余あり、諸経費村負担である。惣持山あり、溜池四三か所、伏樋三か所、筧一か所。興福寺橋（石橋）あり。なお溜池の数が他村と較べて極端に多い。記載のない村も多く、溜池の基準がはっきりしていないようである。

（ロ）大塚村　反別の内七反三畝一五歩は「元禄年間より永荒《えいあれ》地弁地《ちまどいち》」である。村持山九・百姓持山一一か所、「小山・音羽・大塚三カ村之分水六つ割一分当村へ取ル」という用水慣行がある。「当村、山よりにて小石砂交じり、地味悪しく猪鹿害あり」、「当村山より大仏殿幷二条城普請之節石切り出し、山荒れ崩れ、音羽川・中川等へ土砂流出」ということがあった。

村内に行燈町がある。畑一町四反四畝二四歩のみ、六戸・二七人居住。

（ハ）音羽村　音羽村・小山村立会にある畑一町三反余は「元禄六年より升屋仁兵衛開発地、当時音羽村支配」という。他村も入り込みの惣山七か所、音羽川・十禅寺川の堤防は国役普請である。他村より「入作」約一六石・他村へ「出作」二石五斗あり。「水干之害多し」。

小山村・音羽村立会の神無森は高一三石八四二合（畑一町五反三畝二四歩）、家五戸・住民二五人、諸羽大明神の旅所あり。

（ニ）小山村　「田方九分通り山川掛り、一分は溜池」の天水旱損所である。音羽・大塚村と「定番水」の協定あり。溜池五か所、「川除石刎ね」三か所、「猪鹿害有之、毎年雇猟致さす」、人を雇って駆除しているという。

（ホ）八軒町　高四石〇九五合の畑のみ。「田畑無し、屋敷尻ニ少シ藪などアルノミ」、集落の前は車道で、国境の石柱がある。全戸算盤・追分きせる製造や茶店を営む。

（ヘ）提灯町　高四石三三六合、地主伊右エ門。（朱書）本村人家ナク髭茶屋町より入作。

（ト）髭茶屋町　「屋敷尻ニ畑少々アルノミ」、反別六反四畝一二歩、取米三石七四三合。追分の東方にあり、三条街道を挟んで西は滋賀郡横木村。二丁ほど町並みが続き、住民はすべて茶店営業か算盤製造職人である。

（チ）四宮村　三時知恩寺領（高四石五斗）が村内にあり。十禅寺領柴山と入会など山林多く、持山一〇か所。字コロリ谷に石灰焼場が一か所有り。猪鹿の被害多し。井堰四か所。四宮川にかかる橋は官費普請、土橋四か所は自普請。

四宮村出郷　十禅寺村　庄屋安原久三郎・年寄井上源七・勧業係上田駒次郎

元禄年間に四宮村高のうち十禅寺へ、田六反八畝一九歩・畑七畝二歩・山四か所・藪三か所を寄進、一村立となるが、人家は四宮村と入り交じり。用水は関田川・梶川、溜池四か所。（朱書）辛未（明治四年）六月二三日四宮村と合併。

（リ）安朱村　高二二三五石一五九合。

（朱書）「当村は元朱雀村と唱え候由、寛文年中毘沙門堂建立ニ付朱雀村ト安祥寺村高ヲ入合、村ノ姿トナリ依テ安朱村ト唱エ候由」。井関六か所、溜池二か所、新池一か所。伏樋二か所、土橋四か所村中利用の請山あり、利用料として安祥寺へ米七斗、愛宕郡鹿ケ谷村へ米七斗支払い。（自普請）。猪鹿の被害多し。

（ヌ）竹鼻村　　山一三か所・茶店二戸。藪三町八反余のうち一町八反余は村内にある護国寺・地蔵寺・円信寺分。平均年貢率四ツ九分八厘（四九・八％）。

江戸期に郷内で唯一村高が増加した村であるが「村中訴論之上新検地入当時之高ニ直ル」とある。「村中訴論」の内容はわからないが、単純な新田開発による高増加ではないようである。

（ル）上野村　　年貢は定免四九・八五％である。水利は七割が安祥寺川から、三割は溜池二か所から。安祥寺川は安祥寺山から流れ出て御陵村へ。洪水が多い。伏樋一。安朱村と上野村の境に奴茶屋がある。

（オ）厨子奥村　　山七か所。庄屋は明治四年五月で交代している。

（ワ）御陵村　　山五か所・林一か所・溜池一二か所・百姓持ち山一五か所。用水は溜池から四割、川から二割。安祥寺川は毘沙門山から、山ノ谷川は安祥寺・安井門跡山から、岡野川は日岡・北花山村から、鴨戸川・別所川は自村の山から流れ出て、いずれも厨子奥・西野村へ流れ入る。

天智天皇陵は二町四方・除地、官から支給の下行米五斗、守戸郷士八戸。

（カ）日岡　　山一五か所。新道潰れ地……上田一反九畝一〇歩・上畠七畝一四歩・下畠四畝二六歩・関門所敷地引き二畝―人馬道敷地。

下ノ川、堤谷川、土砂川、六軒町川がある。

（ヨ）椥辻村　　溜池六か所・伏樋四か所。百姓持山「平林」八か所、藪八か所。田の内、村弁二八石三六五合一夕あり。ふうじ川……川上なし、東野村より出水。石橋一か所、板橋三つ。田畑とも水旱所。

（朱書）東野ト領境ニ平林多し、開拓可然カ。

（タ）東野村　村高之外本願寺松林一か所、同寺へ一斗納。無地村弁地二町九反一五歩あり。

（レ）西野村　御用藪六か所、御用柿渋九石余。溜池二か所、この溜池より野色川に流れる。旱損あり。田高の内一〇三石〇四〇合両毛作、五石五九三合五池床川敷引き、一石四七〇合「四木畠成取下げ」、四八石〇九九合田高の内村荒地。畠高の内五六石五七五合六は畝詰り村弁、二〇石三九〇合畑藪、一一〇石八六四合二は時々毛付け木畠。

渋谷街道伏越石樋一か所、石橋一か所。会所川　川下は広海、東野村用水路、石橋一、土橋三。安祥寺川……川幅二間半、此川安祥寺山内又は御陵・日岡・花山より悪水・土砂流出、川床高ク水損有り、平常水無シ。

（ソ）栗栖野新田　（朱書）新出作り場ニて村中ニハ林ナシ、出作ニテ村中ニハ田ナシ。高八石九斗皆畑、未開場五町三反六畝二一歩あり。

用水掛り無く、旱損所。

（ツ）西野山村　木畠三反七畝二八歩あり、「毛付」面積五八町一反二畝一七歩である。無地弁高二町五反四畝一四歩有り。

五分通りハ山川洪水掛り、五分通りハ天水場。

御用藪一三か所、百姓持山一四か所、地山一か所。

山川六か所。新川……御陵村悪水抜き。三才川あり

（朱書）村中ニ北ノ方、新町・北ノ町・中ノ町・南町ノ四か所ニ家建てアリ。所々やぶ多し。

（ネ）川田村　庄屋以下の記載なし。西野山村からの入作一町八反余がある。「御一新後西野山へ付属ス」とあるが、「従前一村立ニテ村役相立高札も有之」ともしている。

（ナ）上花山村　林一か所、高二八石四六六合は荒地村弁高である。「男ハ尿小便ヲ京ニ取ニ行」とある。「稲荷村付送リ」ともある。

田の四割に猪鹿の被害がある。(朱書)当村至テ難村、家並荒れ
(ラ)北花山村　山二〇か所、溜池三・伏樋二・石筧一あり。
田畑のほか「畑藪」・「畑見取場」が七反余ある。耕地の旱所・水損所は五町一反余。
(ム)小野村　山一九か所。田のうち一町二反四畝余は「池地潰れ・堤川欠引き」、畑のうち八反六畝は「川筋堤敷引」である。
伏見街道の分岐する村で、農のほかに商人七・職人二戸がある。
(ウ)勧修寺村　林二七か所、大規模村として溜池二〇か所がある。
盆地東部、北部からの川(落合川・新川・高川・音羽川・落川筋)が集中。

落川筋は椥辻村西手の藪の中の湧水で、「水冷水ニテ養水ニナラズ」とある。

橋も多く、官普請が石橋六か所、土橋一か所、自普請の土橋三か所がある。

村民八一戸の内に大工二・藍売り二・水車二・瓦師一戸を含む。

『宇治郡明細誌』により山科郷二一カ村について紹介した。街道沿いの小村を除いて、農耕用・運送用の牛が多い、少ないの違いはあるがすべての村で飼育されている。馬は音羽村の六頭が目立つ程度で案外少ない。車も記載は大宅(四車輛)と安朱(一)のみである。干害・鳥獣の害を指摘する村は多く、溜池や鉄砲数に不十分ながら反映しているとみられる。


明治五年三月の「戸籍惣件」(山科神社文書)によると西野山村の耕地面積は田四〇町八反九畝二五歩、畑六町九反三畝一二歩、木畠七反五畝二四歩となっている。田畑計四七町八反三畝七歩である。ところが『明細誌』は何に依拠したかわからないが、田畑に「木畠」を加えても三二町五反余としている。しかし「毛付」五八町一反余ともあり、田畑面積の記載基準が明確ではない印象を与える。山科郷は江戸期以来村高に変化のなかったところではあるが、田畑面積はさまざまに変化してきているのではないだろうか。その意味で「無地弁高」の存在が

注目される。高はあるがそれに見合う土地がない、しかし高はあるからそこにも年貢がかかってくる、という形で村に影響を与えているのである。

『宇治郡明細誌』の一つ一つの村の記述はきわめて限られている。また記載基準が明確でなく、疑問のある数値も散見される。しかし、京都府が管下の状況を把握し、民情の掌握に努め、所によっては「開拓」を考えるなどしていることがわかる。すでに大宅村の事例でみたように、政府の課税対象は石高から反別に変わりつつあった。反別がどのように確定していくかをみていかなければならないであろう。

第五章　山科郷における地租改正

（一）地租改正の準備過程

地租改正は明治六（一八七三）年七月二八日の地租改正条例の発布から、中央で改正事務を取り仕切った地租改正事務局を閉鎖する明治一四年六月までを改租期間とすると、八年近い期間を要した一大国家事業であった。それだけに山科郷の地租改正過程をみていくにあたってまずその要点を確かめておく必要があろう。

第一は何に課税するかである。江戸時代には石高という用語であらわされるように、米の収穫が課税対象であった。田だけでなく畑も屋敷も山林原野でも、そこからの収益を米の収穫量に換算して対象とした。地租改正ではそのやり方を改めて地価を対象とする。田畑その他多様な土地の地価をどのように決めていくかが問題となろう。

第二は税率をどうするかである。江戸期には収穫状況によって変化していたが、それを改めて全国一律に地価の三％とした。近代的産業などが未発達でまだそこから税収を期待できない明治政府にとって、地租が唯一の主要な財源であった。その財源を確保する税率であった。反対運動が盛り上がって二・五％に引き下げられたことはご存知であろう。

第三は何で取るか（納めさせるか）である。江戸期にはところにより雑穀で納めたり、また代金納もあったが、原則として米であった。それを改めて円・銭・厘を単位とする貨幣で納めることにした。
第四は誰が納めるか（誰から取るか）である。江戸時代に年貢を取り立てていた領主の権限を否定し、年貢を負担してきた土地所有者に検査したうえで地券を交付し、地券所有者を納税者とした。

改租条例の前には「上諭」がある。天皇が法律を裁可したことを示すもので、「朕《ちん》思ニ租税ハ国ノ大事、人民休戚ノ係ル所ナリ」から始まり、「庶幾《こいねがわ》クハ賦ニ厚薄ノ幣ナク民ニ労逸ノ偏ナカラシメン」と結ばれている。

改租条例そのものは七章にすぎない。地価への課税であり、豊作だから増税するとか、凶作だから減税するとかはしない、田畑とはいわず耕地と呼ぶ、家の建っている土地を宅地と呼ぶ、税率は地価の百分の三だが政府の歳入が増加したら、将来的には百分の一に下げるなどで、改租の手続きや進め方などには触れていない。それだけに付属する「地租改正施行規則」は一六則、実務にあたる地方官への「地方官心得書」は四四章に及び、検査例二例を付け加えている。

それらをいちいちみている余裕はないが、必要に応じて参照しながら、上記の要点が山科郷ではどのように実現していったかをみていこう。前著では執筆時点で知りえた関連資料を提示しただけで、改租結果については地租改正事務局担当官の出張報告を紹介したにとどまっている。これを少しでも乗り越えたい。

まず、地租改正に着手する前の山科郷農村の抱えていた農業生産上の問題をみよう。史料は少しさかのぼるが明治二年九月に西野山村が郡政役所へ提出した上書である。

上書はまず村の土地が豊かでないことを訴える。「私共村方之儀元来 不豊《ゆたかならざる》 土地ニテ立毛生立方不豊」とある。その理由は「御田地養水掛り慥成《たしかなる》水源も無御座」いからである。若干の溜池はあってもとても不十分で、多くは天水（雨水）に頼っている状態である。しかも村高に見合うほどの耕地がないという。「山手添之外端々」も耕地にしているから自然と手当も行き届かず、収穫不十分となる。農業以外に「外家業」や「外産業」でもあれば「上納之一助」になるだろうがそれもない。

また「下田皆無《かいむ》同様之分ハ小前百姓共よりは取立難仕《つかまつりがたく》、全く村中より年々相弁《あいまど》へ御上納仕居」る有様であるという。条件の悪い田畑からは年貢を集めることも難しく、村で面倒をみて納めている有様である。このままでは百姓離散、亡村のおそれがある。年貢を安政六年から明治元年まで一〇年間の平均年貢額による定免にしてほしい。これが上書の要求であった。嘆願特有の誇張も感じられるが、先の『明細誌』でも各村が指摘しているように盆地特有の用水問題の存在や農業経営の変化がわかり、それが村共同体に困難をもたらしているのである。

地租改正はこのような農村で土地所有者、すなわち地租負担者を確定しなければならない。例として西野山村を取り上げよう。同村にはどのくらいの人がいたのか。先に少しふれた明治五年三月の「戸籍惣件」でみていこう。

この史料は京都府に提出した控えで、「村控え」と「改下書」に分かれ、提出にあたって苦心したらしいことがうかがえる。

戸数は七一戸でそのなかに郷士一〇、神社一・寺五を含んでいる。人員は郷士・百姓合計三二三人（男一五八、女一六五）である。出生・死亡とも一〇人（ともに男四・女六）であった。なお、前出の『宇治郡明細誌』では戸口五〇戸・二三九人、郷士一〇戸・三八人となっていて、かなり違う。

男性の年齢別構成は二〇歳以上五六人、四〇歳以上一〇人、五〇歳以上一四人、六〇歳以上五人で、八〇歳以上はいない。女性は四〇歳以下一三四、四〇歳以上一一、五〇歳以上二〇、八〇歳以上一である。男女の構成基準が異なり、数値が不整合の理由は不明であるが、男子の二〇歳以下は七三人となろう。

地租を生み出す土地にはどのようなものがあったのか。先に指摘したように政府は土地とその所有者を確定するために地券を発行したが、それに対応する村の史料が「地券総計帳」である。その中の「税地惣計」（表8）は明治六年二月時点での多様な土地の状況を知らせてくれる。田畑屋敷のほかは多くが一〇筆以下であるが、さ

表８　西野山村における地租改正前の土地状況

「地券帳之内」

区分	地目	面積	筆数	地代金	現畝（朱書）
		反畝 歩		円 銭厘	反畝 歩
田畑	田	418.9.28	358	6098.31.2	384.9.20
	畝悪地被下	57.4.08	36	168.70.0	38.3.28
	田林成	4.1.22	4	22.50.0	4.2.15
	田屋敷	1.7.20	1	0.50	4.05
	畠	36.0.13	112	638.00.0	99.8.19
	屋敷	10.5.25	38	448.87.5	37.2.25
計		528.9.26	549	7376.88.7	
山	山	663.5.10	31	448.25.5	
	上地御払下山	12.9.00	1	11.96.2	
計		676.4.10	32	960.21.7	
芝	上地芝	5.7.13	1	7.0.00	
	不定地芝	1.6.23	1	2.00.0	
計		7.4.06	2	9.00.0	
開拓	開拓畠	3.4.05	5	8.50.0	

「地券帳之外」

塚所	永引地	除地山	墓地	郷蔵	高札場
3.5.29	5.04	9.6.07	3.2.16	1.00.0	0.07.5

注　山科神社文書、明治６年２月「地券総計帳」による。

まざまな土地があったことがわかる。さらに村の土地の中には地代金のない土地もあって、それらも「地券帳之外」として記録されている。

なお総計帳に朱書で「現畝」が田畑屋敷について記されている。京都府への報告より田が三町四反ほど少なく、逆に畑は六町三反余、屋敷は二町五反余多い。どちらが実態に近いのか、あるいはなぜ違う数値を報告したのかはわからないが、村で土地の地目・面積とその地代金を決めていく経験は地租改正の際にも生かされたものと考えられる。

京都府は多様な地目、膨大な筆数をまとめた「地券帳」の作成と、その結果の提出を求めた。報告に基づき地券を発行する。いわゆる壬申地券である。村から土地所有者が土地一筆ごとに地券交付を申請する形をとっている。

村としても新たな租税台帳が必要であったと考えられるが、明治六年七月改めとある西野山村の「地券願箇所幷税金取調書抜帳」をみよう。氏名と、地券券面金額一〇円以上と以下に区分された地券枚数、金額が判明する。ただし、同帳はまさに村控えで理解困難なところがある。金額の表記に円と両が混じり、地目不明分があり、「村中」・「山印」・「川栄」・「すし」など推定を余儀なくされる記載がある。

「村中」は座や講などの共有地、「山印」はおなじく村の惣山であろう。さらに他村所有分とみられるものがある。それらを除くと、寺社をふくむ村民七七名が出てくる。地券券面金額と所有地地目との関係がわからないからおおよその見通しでしかないが、金額によって区分すると次のようにいえるであろう。

まず六名は一枚・一筆のみで税額無しである。田畑屋敷でない極微小金額の土地をわずかに持つにすぎない無高層であろう。一〇～二〇円層は一九名、二〇～三〇円層は八名、三〇～五〇円層は九名である。合計三六名でほぼ半ばを占める。零細ないし小規模所有者であろう。五〇～七〇円層七、七〇～一〇〇円層七、および一〇〇～一五〇円層一一名が中間層であろう。一五〇円以上一〇名は最高を七七四円とするさまざまな規模の地主層であろう。このように無高（土地所有無し）の存在の一方で、零細規模の所有から大小の地主まで、多様な規模の土地所有者が存在する。これが地租改正前の各村の土地所有状況であった。

（二）地租改正の実施過程

先述のように地租改正条例が出され、地租改正事務局が設置される。事務局と各府県の間で伺い（質問・問い合わせ）と指令（回答と指示）がやりとりされて実務が進められる。京都府もこれまで見てきた村々からの戸籍・税地・地券を調べ、府下にどのくらいの地価、したがってどのくらいの地租が見込まれるかを検討したであろう。

このような準備の上で、明治八年八月に「地租改正に付人民心得書」全二三条を発表する。要点と思われるところを見ておこう。

第一は従前発行した地券との関係である。「是迄追々発行相渡候地券面」は「旧来石盛之不同ト、貢租之甘苦ニ因り地価高低有之儘《これあるまま》記載スルモノ」であるから、「実地適当之真価」ではない。したがって従前の石盛や貢租は「一切ナキモノト見做《みな》シ」、「現地一歳之取揚収穫益高ヲ見積リ……銘々所得之実価ヲ取調」る。それを戸長および正副区長が調査し、不都合がなければ一筆限地価帳に持主（小作地の場合は小作人も）署名捺印し、立会人の戸長が連印し、正副区長が奥印して提出する。なお、二毛作の土地も「基本一毛作ノ収穫物ヲ精密ニ取調可書出事」。

第二は地価の算定について、収穫代金・宛米代金（小作地の場合）から「新税」（地租）すなわち地価の百分の三および「村入費」（地租の百分の三）を引いた「全ク地主所得」で、現地に適当な実価を記載すること。

第三、豊凶にかかわらず、平年の作柄の収穫あるいは小作宛米をありのままに報告すること。

第四、実地の測量を「新検六尺一分竿」で正確に行うこと。田畑宅地・新田のほか「大縄田畑・試作地・流作場・不定地・林・原野・秣場・稲干場・社寺共有墓地・官有地」を見落としなく測量し、番号を付すこと。

第五、新開地など開発年季中の土地は無代価の地券を渡すが、多少でも収穫のある土地は相当の代価を申し出ること。

第六、「村弁納」で実際は「川欠・川成・井路敷・堤敷・道敷・石砂・山成・悪水抜・池沼・淵成」となり面積を確定できない土地でも相当の年季で開発すること。

第七、飛び地は解消が望ましいが、困難な場合は従来進退してきた村の地図に色分けして記載する。

第八、従来から一村または数村が関係する用水井路や堤敷・川床敷・共有墓地・個人墓地は無税である。

第九、良材の生える山林と雑木も生えないような山林を区別し、相応の地価を定めること。

第一〇、茶畑・桑畑はそれに相当の田畑と比較し地価を定めること。
第一一、隠し田畑などは一切認めない。発覚したら「欺隠田糧律」に照らし処罰する。
第一二、三～四か村で組合い、互いに協力して進めること。「掛り官員時々取調の為巡回」する。
第一三、上記の実地調査が終了したら、「一村衆議ノ上、地位ノ等級を九等ニ取分け」、それぞれの収穫・小作宛米について出張官員の検査を受けること。それがすんだら雛形の通りに一筆限地価帳を作成、調印のうえ府庁へ提出する事。
第一四、反別は一歩未満切り捨て、地価は厘位にとどめ毛以下四捨五入。

明治八年八月から府は郡部の地租改正に着手する。各村に「改正掛」や「評価人」・「総代人」を選出させ、戸長とともに実地調査を進めていく。府の報告によれば明治八年実地調査に着手、翌九年二月に事務局担当官の出張を得て五月中に実地検査を完了、引き続き収穫の調査、地価の確定へ進んだという。

この動きは村側からも確かめられる。西野山村の明治八年九月の「地租改正ニ付実地出勤帳」によれば同村の改正掛は田中市郎・渡辺政治郎・進藤勝次郎・芝田龍蔵の四名、村惣代は羽田泰助、戸長・副戸長は辻井安右衛門、加納作兵衛である。彼らは「九月一八日始メ竿入」に六名が出張、その後「五頭手替り」とあるからお互いに交代しながら、ほぼ連日のように出勤している。作業内容はわからない日が多いがいくつか拾ってみよう。

一〇月三日天長節は半日休み、一〇日区長阿部氏宅へ、一一月一日「丈量」、二三日「地位検査出張ニ付勧修寺村行き」、年が明けて九年初午半日休み、日付不明「昼後より検査集会」などが判明し、改租の進行がうかがえる。

「人民心得書」と重複するが、作業内容をみていこう。第一は土地の調査—「地押丈量」である。「地租改正ニ付実測丈量心得方伺書」によれば土地一筆ごとに番号を付け、地目を確かめ、反別を計り、地主（所有者）を調べる。それを字《あざ》ごとに集約し、さらに一村全体にまとめ、絵図にし、また「一筆限地引帳」に記録する。

次に「地引帳」の中から一つの字《あざ》の数か所を選んで、府の官員が立ち会って実地に測量し、それを元に帳面記載の面積を承認していく。

第二は地価の決定で、地位等級を決めるという方法をとった。なお、耕地・宅地を先とし、山林原野は後とした。郷内の中位の村を選び、その村の耕地・宅地を九等に区分し、各等級の反当り収穫米を決める。それを基準として、府官員・区長・戸長・改組総代人・改正掛が立ち会って、耕地・宅地一筆ごとに収穫米を決めていく。その際の基準は土地が肥えているか、痩せているか、水害・干害があるかないか、耕耘がしやすいか・そうでないか、作物などの運搬が便利か、不便かなど収穫の多少に関係する条件を考慮して決める。それらを村全体でまとめ村位等級をきめる。

第三は地価の算定である。田の場合は第二の過程で決定した一反の収穫米を、石代（一石当たり米価）で換算し、円・銭・厘で示される収益を決める。そこから収益を得るための必要経費……種子代・肥料代・地租・村費（地租の三分の一）を引いた残りが純収益である。これを利子とみればそれは元本に利率を乗じて算出される。すなわち元本が地価である。したがって地価の算定には収穫量のほかに、米価や利率も関係するが、それらはその地域の代表的米相場や利率の平均値とする。

改租過程の概略をみたが、この間の村々の動きを「地租改正事務局別報」に出てくる京都府伺いから見ておこう。

明治六年四月二日付けの「伺大意」は、土地所有者に地券を渡す期日を定め、努力しているが、「何分万ヲ以算へ候券状ノ事ニテ」、期日延期を願っている。さらに例えば愛宕郡久多郷は雪解け後でなければ実地調査ができないと期日延期の理由を述べている。

同年一〇月一二日には、従来貢税免除で「四壁壱割五分引」であった愛宕郡吉田村華族の屋敷地について、村反別の中に組み入れることの可否を伺い、指令は四壁引慣行の廃止、現反別に地価記載の地券交付を命じている。

宇治郡の例をみよう。明治七年一月二〇日の伺いは西野山村の畑について払い下げの可否を聞いている。それによれば第一九一番字寺ノ前にある畑六畝一四歩（高八斗一升七合八夕）地代金一四円三〇銭は、従来は妙応庵が年貢を負担する貢地であったから地券は妙応庵に渡した。しかし同庵は「無檀無住」で、本山（東福寺）も維持しがたいとして廃寺を申し出たから畑は上地を命じ官地とした。ところが実際には「同村田中市郎卜申者近年自費ヲ以テ右地所之内荒地相成居候ヲ起返其徳分ニテ寺庵入費且貢納等納入」してきた、すなわち自費で荒地になっているところを再開墾し、経費を賄い年貢を納めてきたとして、相応の代価での払い下げを申し出ている。払い下げていいかという伺いである。これに対する指令は、申し出の内容に確証があれば払い下げ可であった。

妙応庵は現在「ふるさとの会」古文書学習部会が読んでいる元禄五（一六九二）年の「城州宇治郡山科郷村々寺社御改帳」（比留田家文書）によれば、「寛永年中東福寺内丹岳忠長老開基」で、東西二〇間、南北五三間の境内（貢地）に梁四間、桁五間の藁葺の庵があるという。はるか後年の明治四（一八七一）年『宇治郡明細誌』では「禅妙応庵、貢地」とあるのみである。実態は府伺いのいう通りであったのであろう。

以上、地租改正過程の概略とその間の動きをみてきた。それでは山科郷の個別の村々ではどのような対応がみられたのであろうか。現在のところ確認できている村は極めて少ないが、すでに各村とも関係の係（掛）が決まり、土地の実地丈量段階に進んでいるところまで見てきている。たとえば川田村は評価人松田嘉兵衛・中邨九兵衛、戸長桝田政治郎の体制で、改租費用捻出のため村有地を売却していることがわかる（市史資料編山科区編所収）。各村がその土地の地価をどのように決めていったかを検討していこう。

対象とする大宅村は区長阿部源蔵のもと、戸長山本佐兵衛・竹本勘右エ門、「評価人」沢野井七左衛門の体制である。同村の明治九年七月八日「地位等級収穫宛米取調帳」・同年八月「収穫宛米見込書」・同年九月四日「地位等級収穫宛米取調帳」（いずれも沢野井家文書）が史料である。

参考までに幕末・明治初年の数値を再確認しておこう。

田　面積三〇一反九畝〇三歩、収穫二〇三石六六一合、畑（宅地を含む）二〇二反五畝二一歩、収穫一〇五石三六一合、合計五〇四反四畝二四歩、収穫三一五石五九七合

このほかに林や藪などもあるが、それは省略して実地丈量の結果をみよう。

田　三五九反九畝二九歩、収穫四九九石六五〇合、畑　一七二反八畝一五歩、収穫一一〇石三〇〇合

宅地　三九反二畝二一歩、収穫四五石一五〇合、畑林成　七四反一畝〇二歩、収穫九石一七〇合

畑藪成　二二八反八畝二九歩、収穫七七石一九〇合

このほかにいちいち面積は表示しないが、上地宅地・上地林・現在境内・新開畑（鍬下年季中）・御旅所・荒地・一里塚敷地・溜池・墓地がある。

両者を比較すれば、実地丈量による田・宅地面積の増と畑の減がわかる。また耕地とくに水田開拓の努力が続けられる一方で、その他の中の「畠藪成」・「畠林成」の存在にみられる不熟な、耕地化の進まない土地も依然として存在したことがわかる。

地目・面積の確定した土地の「地位等級」がどのように決定されていったかを見よう。同種類とみられる帳簿が三冊も残されていることは、一回では決まらなかったということを予想させる。先に触れたように「地位等級」とは土地を等級に分け、そこに反当収穫米（自作地）や宛米（小作地）を配分していくことである。大宅村だけでなく山科郷全村に共通した方法であり、現在のところ確認できていないが、郷内各村の「村位」も決まっていったと考えられる。

大宅村では明治九年七月八日の「取調帳」では田は一等〜六等、各等が上・中・下に分かれ、一番下等は七等上である。また畑は一〜九等、宅地は一〜八等に区分されている。この等級区分は八月の「見込書」でも同一である。しかし、九月四日の「取調帳」では畑・宅地は変わらないが、田は一等上〜九等下まで二七クラスに増加している。なお畠藪成は八等、畠林成は三等で、九月の畠藪成のみ上中下九等の二七等級になっている。

表９　大宅村の田「地位等級」

	明治９年７月８日			明治９年８月		明治９年９月４日		
	面積	収穫	宛米	収穫	宛米	面積	収穫	宛米
	反畝 歩	石 斗升				反畝 歩		
全体	359.8.19	417.07.8				359.9.29		
１等上	10.5.20	1.838	1.250	2.310	1.370	6.6.20	2.100	1.370
中	8.3.05	1.794	1.220	2.150	1.340	14.1.18	2.060	1.340
下	12.3.08	1.750	1.190	2.100	1.300	6.2.06	2.020	1.310
２等上	6.5.17	1.706	1.160	2.050	1.270	9.7.18	1.970	1.280
中	9.8.03	1.662	1.130	1.990	1.240	13.8.21	1.920	1.250
下	11.0.08	1.618	1.100	1.940	1.210	5.2.02	1.889	1.220
３等上	17.3.00	1.546	1.050	1.850	1.150	14.4.28	1.830	1.190
中	10.5.10	1.417	1.000	1.760	1.100	8.7.15	1.780	1.160
下	7.3.04	1.397	0.950	1.670	1.000	7.8.13	1.740	1.130
４等上	9.6.00	1.324	0.900	1.590	0.990	12.2.25	1.700	1.100
中	28.5.00	1.250	0.850	1.500	0.940	16.1.23	1.650	1.070
下	12.2.12	1.176	0.800	1.410	0.880	14.2.19	1.600	1.040
５等上	27.3.12	1.103	0.750	1.320	0.870	30.8.00	1.530	1.000
中	65.3.08	1.029	0.700	1.230	0.770	41.7.02	1.170	0.960
下	26.9.10	0.956	0.650	1.150	0.720	12.2.29	1.410	0.920
６等上	30.7.16	0.882	0.600	1.060	0.660	10.7.03	1.350	0.880
中	35.5.01	0.809	0.550	0.970	0.610	15.8.27	1.290	0.840
下	27.8.00	0.735	0.500	0.880	0.550	8.0.13	1.230	0.800
７等上	2.1.14	0.662	0.450	0.680	0.450	10.7.03	1.170	0.760
中						15.8.27	1.110	0.720
下						8.0.13	1.050	0.680
８等上						7.0.28	0.980	0.640
中						13.2.03	0.920	0.600
下						5.1.08	0.860	0.560
９等上						1.2.03	0.800	0.520
中						3.0.26	0.740	0.480
下						6.4.01	0.680	0.440

注　明治９年８月の面積は同年７月の面積と同じなので省略。

全地目の全等級の数値を三回示すのは長大な表になるから田に代表させて表示しよう（表9）。数字の羅列のように見えるが、各等級間に一定の規則性のあることがわかる。七月八日帳では収穫米の等級間差は一〜二等が四四合、三等以下七四合、宛米は一〜二等が三〇合、三等以下が五〇合である。これが八月見込書になると、一等の上中下が不規則だが二等までほぼ五〇合、三等以下は五〇〜六〇合である。これが八月帳では収穫米は一〜三等四〇合か五〇合、四等以下はほぼ六〇合である。宛米は一〜四等三〇合、五等以下は四〇合である。

収穫米と宛米を比較してみよう。両者の差は上位等級ほど大きく、最高五八八合から最低二一二合までに分布する。すなわち上位の土地ほど多くの小作料を得られる構造になっているといえよう。また収穫中に占める宛米の比率は全等級に共通して六八％である。すなわち小作農の取り分は三二％と見積もられていることがわかる。両者を比較すれば、地主優位の土地制度であるといえよう。

参考までに川田村の「収穫米等級取調書」（茶谷家文書）をみよう。田は八等まで、各等上中下があり計二四等級である。畑は九等級、宅地は一等上中下の三等級に区分され、おのおのに収穫米と宛米が配分されている。田の一等上は収穫一石八五〇合・宛米一石一斗、九等下は収穫一石・宛米六斗である。

同村はこれまで旧高二九五石九五三合・反別二二町二反一〇歩・貢米一〇九石九五一合であった。これが改租によって改正反別二八町三畝二二歩・収穫総計二六二石〇〇四合となっている。ここでも増歩が明らかである。しかし収穫は旧石高に及ばない。同村の地価がわからないから確定的ではないが、減租の可能性が若干はあったかもしれない。一方大宅村は田を中心とした明確な増歩と、旧高をうわまわる収穫米で増租の可能性大といえよう。

ここからは推定であるが、大宅村はなぜ三回も帳簿を作成したのであろうか。最初の帳簿は戸長、評価人が署名して府に提出されている。彼らが八年八月以来実地に調べてきた結果である。それが再度、再再度作成されるのは、この間、面積は変わらないから原因は収穫米にあるとみなければならない。七月提出の収穫米四一七石余は府の予定するところに達していなかったのであろうと推定される。提出のたびに増加を要求される収穫米にたいし、九月表が大幅に等級を増加させているのは、負担の分散を図った試みではなかったか。

前著でも引用した地租改正事務局出張官員の復命書は「該調査ノ順序タル、土地丈量ノ検査ヨリ村等ノ地位等級ヲ設ルヤ、府員実地ニ就キ、総代人及ヒ老農ト熟議シ、猶尽サザル所アレバ、必地主一統ヲシテ一地毎ニ其階級ノ意見ヲ投票セシメ、以テ公議与論ニ採リ（中略）其階級ヲ確定シテ、毎級ノ反米モ亦各自陳述スル所ノ数ヲ積算シ、以テ先ノ一村上ヲ概観シテ予定セル所ノ村位ニ参観スルニ、其位置符合スルモノ十ノ九ニ居レリ」という（句点筆者）。

改租がまず実地丈量から始まり、土地の等級ごとの収穫米や宛米を決定していく順序で進行したことはすでにみてきた通りである。村々での収穫米の決定が「投票」によったり、「公議与論」によったりしたかはわからないが、「予定セル所ノ村位ニ参観スル」とは府側に事前に予定の村位等級があったことをおもわせる。また、それが村から提出の村位等級と「十中九」まで一致していたかどうかは確かめられているのだろうか。

ところで村位等級とその元になる反当り収穫米（反米）が確定しても、それがそのまま地価の決定ではない。反米を円に換算するための米価、それを利子とみて元本（地価）を算出するための利子率が必要である。村レベルではわからないので府全体でみよう。

地租改正事務局別報八一号（明治一〇（一八七七）年五月一六日）所収の京都府伺いは山城国八郡丹波国三郡の改租が「新旧税額比較表幷差引書」の通りに終了したから、明治九年にさかのぼって新税法を施行したいと申し出ている。その中の「新旧税額差引調」では米価は一石当たり四円四一銭と四円八八銭、利子は五・五五％と五・七二％を用いている。二種類あるのは京都市中と郡部などの地域差を考慮したからと考えられる。

なお改租結果は増歩減租になっている。「京都府管下山城国及丹波国之内桑田・船井・何鹿三郡新旧税額比較表」によれば、田は旧反別二一五一五町八反一二歩六、畑（宅地を含む）九三五四町九反三畝一八歩八　合計三〇八七〇町七反四畝一歩であったが、実地丈量の結果、改正田反別二三六三七町二反三畝二七歩、同畑七一八三町七反一畝、同宅地二五〇五町九反三畝二七歩合計三三三二六町八反八畝二四歩となった。すなわち二四五六町一反四畝二三歩の増である。

旧税額は田五六〇四七〇円五〇銭七厘、畑・宅地一五二八五五円八五銭二厘合計七一三三二六円三五銭九厘であったが、改租の結果、田四四七四九四円九五銭八厘、畑六七三四九円三六銭一厘、宅地三八一八三円七四銭四厘、合計五五三〇二八円六銭三厘となった。すなわち一六〇二九八円二九銭六厘の減である。

なお田の反当り収穫米は一石五五三合、畑同七五〇合、宅地同一石二二四合、反当り地価田六三円一〇銭六、畑三一円二五銭一宅地五〇円七九銭となっている。

さらに『地租改正紀要』によって京都府のうち宇治郡についてのデータを見ておこう。

「一村平均最上等最下等村ノ収穫地価」は次のようである。

田　音羽村　反別二五〇反九畝〇五歩　収穫五三三石六九八合（反当り二石一二七合）　地価二三三〇二円九四銭（反当り九二円八七銭一厘）

　二尾村　反別五一反二畝二〇歩　収穫五一石六二五合（反当り一石〇〇七合）　地価二一四一円四〇銭四厘（四一円七七銭）

畠　勧修寺村　反別一七三反八畝二四歩　収穫一七〇石七六〇合（反当り〇石九八二合）　地価七四五五円九二銭一厘（反当り四二円八八銭）

　栗栖野村　反別三四反九畝二四歩　収穫一二石三七九合（反当り〇石三五四合）　地価五四〇円五〇銭六厘（反当り一五円四五銭二厘）

宅地　髭茶屋町　地価三〇九円一〇銭九厘（反当り八〇円七六銭一厘）

　二尾村　地価二九二円八九銭二厘（反当り三六円九六銭八厘）

音羽村をはじめ山科郷の村々があげられていて、一村平均でみると郡南部よりも上位であったことがわかる。ただし一筆でみると、最上等、最下等とも田畑いずれも醍醐・木幡・西笠取村と南部が占め、山科郷は宅地で安朱村が一筆九九円九〇銭八厘でトップにいるのみである。

現在のところ山科郷各村の確定した地位等級はわからないが、後述のように反当地租金額は村によって異なっている。それぞれの村でそれぞれの対応があった結果であろう。大宅村の改租結果を明治一一年六月の「村限取調書」（沢野井家文書）で見ておこう。

改租前の反別　田二六町八反二畝一五歩、畑一五町一反四畝一五歩、村弁地八町二反七畝一二歩、その他二町五反四畝九歩　合計五二町七反八畝二五歩

改組後　田二八町八反四歩、畑一三町七反九畝六歩、宅地三町二反四畝一七歩、その他藪など二四町二反二三歩　合計七〇町四畝二〇歩

改組前貢租　三三二石三七七合（円に換算すると一七二八円八〇銭六厘、ただし一石当たり五円二〇銭一厘）

改組後　地価三三七二四円六三銭三厘、地租はその百分の三　一〇一一円七三銭九厘、当面は百分の二・五八四三円一一銭五厘

以上のように増歩、減租になっている。他の村々の結果も明らかにしたいものである。

地租改正が完了し土地所有者各人の土地の表示も変化する。従来の石高表示から地価表示への変化である。個別の土地でみても地目が変化した場合もあったであろう。上記のように大宅村では田が増え、畑が減っている。また一筆ごとにみていけば地目は変化しないけれども面積の変化したケースは多くあったであろう。また上田、中田、下田などの区分は無くなり、すべて地価金額の大小で示されることになった。すべての土地一筆ごとに番号が振られ所在地と地目・反別・地価が記録される。村では字単位ぐらいでまとめられた一筆限地籍帳を作成する。絵図が描かれることもあった。それらは後の土地台帳の元になっていく。

個別の土地所有者の所有は地券で示される。一筆ごとの面積が小さい土地が多かったから、地主層は規模によっては数百枚の地券を所有することもあった。

地租改正前と後の状況を四宮村の明治八年一月「田畑高反別名寄帳」と明治一〇年六月「田畑他名寄帳」によってみよう。同村の改租結果が不明でありきわめて概略でしかないが、旧反別一〇反〜一〇・五反（旧高九〜一七石）は地価七〇〇〜一二〇〇円、旧反別五〜七反（旧高七〜九石）は地価四〇〇〜七〇〇円、旧反別二〜四反（旧高二〜五石）は地価一五〇〜四〇〇円、旧反別一畝〜四畝（旧高一五〇〜四五〇合）は地価一五〜二五円、旧反別一畝以下（旧高四〇〜八〇合）は地価五〜九円になっている。

明治八年の土地所有者三九名のうち一〇年までに一名が姿を消し、増加したと見られる者二六名、減少したと見られる者一二名である。わずか二年の間にも土地移動が展開しているといえる。そのことは明治八年一一名から一〇年には二〇名に土地所有他村民が増加していることからも確かめられる。地租改正後の住民の存在状況をさらに確かめ、明らかにしていく必要があるといえよう。

最後に山林の改租について簡単にふれておきたい。耕宅地の改租終了後から引き続き山林の改租も着手されたとみられる。明治一〇年八月には大宅村は耕宅地改租と同じ惣代、評価人、戸長および区長名で府に「山林収穫見積書」を提出している。一等・一町歩につき収穫金四九銭五厘から一五等同一三銭まで等級を区分している。収穫金は植林した樹木の必要経費とその売却代金などから算出している。その後の経過は現在のところ不明であるが、後に見るように官地・官林の存在は必ず指摘されている。しかし、安朱地区などを除けばいずれも小規模であり、村共有地（入会地）の「放棄」によって生じた、いわゆる官民有区分をめぐる紛争の存在は確かめられていない。

第六章　明治前期の山科郷

（一）地租改正前後の住民の存在状況

各村の農地（税地）の改租結果は明治一四年の『村誌』でわかる。後に村々の状況を『村誌』でみていくが、そこでまとめて確認しよう。ここでは地租改正の進行中から終了後の村の状況を見ていきたい。天皇領あるいは寺院領として京都町奉行や京都代官小堀氏の支配・統制の下にあった村々は、すでに見てきたように明治政府・京都府の管轄の下におかれる。京都府との関係の中に村の置かれた状況や村の動きをみることができる。

山科神社所蔵文書の中に少し厚手の表紙に綴られた「諸願伺届書控綴」がある。西野山村の戸長・総代により府へ提出された願・伺・届などの書類の控えが綴じられている。すべてではないかもしれないが、それをおっていけば西野山村のおかれた状況や抱えている問題が判明するであろう。明治一〇年から一四年まで、時間的に前後するかもしれないが、綴じられた順にみていこう。なお特に断らないかぎり宛先は京都府知事（槇村正直）である。

一、明治一〇年八月　辷《すべ》り石越え道路修繕に伴う伺い。民費による修理が検査のうえ許可され、着手したところ「官山道路傍ニ少々相掛」ったので（どうしたらいいかの）伺い。「絵図面墨引之通」とあるが、図面は綴じられていない。村が自費で道路修理を行ったという。道路通行の目的は後に出てくるが、京都との交通が重要であったことがわかる。

二、明治一〇年七月三日　止宿届
岩屋寺住職と戸長から、下京二七区西川町住民男性（四四歳七月）の七月三日から九月二一日までの止宿願。別筆で「明治拾年九月三日出立届」とある。

三、明治一一年一月九日　道路修繕につき車止め願
辷り石越え道路が土砂崩れなどで破損し、旅人・牛馬通行が難渋している。今度修繕にかかるが、「普請中車止め御建札御下げ」の願。

四、明治一一年二月二八日　「他村へ飛地組替之儀ニ付日延」願
昨年一二月に他村への飛び地や「錯雑セル地所」の組み替えが布令三一四号で命ぜられ、「示談仕候得共一段之決定難致し」、三月二〇日までの猶予願。この願書からだけではどの村と「示談」したのか分からないが、山科では現在でも飛地があり、簡単には整理されなかったとみられる。

五、年月日欠　太政官・民部省札員数取調書
太政官札　壱分　三円五〇銭、壱朱　二円二五銭
民部省札　弐分　七五銭、壱分　二円、弐朱　五〇銭、壱朱　一円五〇銭
太政官札や民部省札は明治政府が維新後に発行した不換紙幣である。戊辰戦争の戦費などに使われたそうだが、信用がなく流通しなかったといわれる。村内にある額面壱朱〜弐分の官札・民札の、明治一〇年代初期の全額調査と考えられる。

六、明治一一年五月八日　「茶製ニ付止宿」願。村内の農家（田中治三郎）方で、近江国滋賀郡・丹波国何鹿郡・京都下京常盤町住人の男性六名（二三歳〜五三歳）が製茶に従事するため。五月八日から一三日まで。茶栽培、製茶が農業経営の主要な一部分であったことは後にも触れる。

七、明治一一年一一月二〇日「流行り病御届」。勧修寺村の医師小川粂三の、西野山村患者初診届。コレラが山科郷にも及んでいたことを示していると考えられる。

八、明治一二年一月一六日　西野山村山反別報告。「木立・草生・柴生・禿山」の合計四五町五反六畝一七歩。山林の改組の進行がわかる。

九、明治一二年二月一〇日　三才川の堤防四五〇間について、近年小竹・下草の類が繁茂してきて堤防の害となるので、伐採許可願。

一〇、明治一二年三月日　漁魚願　西野山・勧修寺・醍醐村の三名から。「三才川筋　北ハ東野村字土樋ヨリ……南ハ北小栗栖村字ナマズノ尾迄之処」網・鋡漁。

一一、明治一二年五月　廃社届　境内二坪の稲荷社を、明治一一年一一月の検査・許可を得て、同年一二月に廃社。

一二、明治一一年八月三一日「白砥粉堀所」願（綴じられた順番のまま）字峠の峰、三〇〇坪での白砥粉掘削許可願。出願者　芝田龍蔵、山持主　中村宇右衛門、加納作兵衛。なお出願者は田二反一畝二〇歩、畑三反一畝一一歩、宅地一反一九歩を所有し、太政官第四九号布告に抵触していない旨の請書が戸長から府知事に提出されている。

一三、明治一二年八月　コレラ予防につき有志寄付
　九名から一〇銭～一円計三円一〇銭。

　コレラは一八二二（文政五）年に日本に上陸、その後流行を繰り返した。とくに西南戦争と重なって一八七七（明治一〇）年に大流行し、京都も山科郷も逃れられなかった。「ころり」などと呼ばれ恐れられた。その余波が明治一二年にも続いていたことが次の嘆願でよくわかる。

一四、明治一二年七月一六日　嘆願書

此の度、「虎列刺《コレラ》病死体并ニ吐泄物類」を同組（宇治郡第一組）上花山村火葬場へ送る道筋を、愛宕郡第一組今熊野村から辷り石越えを経て川田村山道と定めたと郡役所から御達しがあり承知していた。ところがその道筋のうち辷り石越えは村人で「出京稼ぎ之者」が毎日通り、牛馬による「屎尿運搬」「重荷運送」と行き会うと路傍に避ける場所がなく大変難渋している。このような状況だから、コレラ病死者及び廃棄物運搬専用道路の設置は必死の願出であったと考えられる。東福寺（避病院がおかれた）から火葬場へは字地蔵ガ峰にある小道を通れば辷り石越えを通らないで行ける。実地検分してこの小道を改修し、新しいコースにしてもらいたい。改修費は我々が負担するという嘆願である。勧修寺・小野・西野山三カ村の総代が戸長阿口源造の奥印を得て提出している。

一五、明治一二年七月　奉願口上書　宇治郡第一組村々

上記とほぼ同趣旨の口上書である。新道は下京三一組大仏瓦町に通ずる道路で、辷り石越えの「死体運搬人足権利ヲ以テ通行ニ付諸人難渋少なからず」という表現で、道替えを強調している。八月二四日にも道替えの願書が出されている。八月二八日の「虎列刺道替願絵図」によれば、下京区七組より三一組内に東福寺のほか三か所の「虎列刺病死骸運送道」が描かれ、それらを集めて「煉瓦石製造所」と智積院の間の東瓦町に「墓所道入口新道」があり、火葬場まで字地蔵ガ峰経由で一三丁、辷り石越え経由では二八丁であることが示されている。さらに九月一二日には新道ができた旨の立札を立ててほしいと願っている。

一六、明治一二年六月　明治一二年田畑麦・菜種取調書

田畑反別五町七反歩　この麦収穫六八石四斗　ただし一反歩につき一石二斗

田畑反別三町八反歩　この菜種収穫二二石八斗　ただし一反歩につき六斗

一七、明治一二年一〇月二三日　例祭御届

山科神社　一〇月二五日午前一〇時出神輿、午後四時還神輿

山科神社祠掌　進藤繁三郎、村総代　田中重太郎

一八、明治一二年一一月三〇日「兵役有志記」

五円（一人）・二円五〇銭（二人）・一円八〇銭（二人）・一円二〇銭（二人）・一円（一人）・八〇銭（二人）・五〇銭（一五人）・三〇銭（一三人）のランクで三八人（寺一を含む）が計三〇円を出金している。府知事に届け出た出金の目的・使途は書かれていないが、兵役者（を出した家）への寄金であろうか。なお三八人は地主・自作農クラスを網羅していると考えられる。

一九、明治一三年二月六日　夜学開校届

仮校舎は西野山二四四番地に置き、「訓導」は田中哲三郎、生徒は二五名、届出先は宇治郡長小原正壽であるが、「勧修学校訓導御中」となっている。

二〇、明治一三年二月二〇日　博覧会出品　弐組博覧会出品係宛

芝田竜蔵（「硝子標瓶」、硅石・粉）、田中治三郎・進藤磐三郎・奥村惣七（いずれも砥の粉・同石）「右之通出品仕候条宜敷御取計御願申上げ候也」とある。これは第九回京都博覧会（会場大宮御所）への出品と考えられる。

二一、明治一三年一〇月「職猟」鑑札下付願

進藤為次郎、戸長山本佐兵衛より宇治郡長あて

二二、明治一三年一〇月八日　地所開墾願

（一）村有の山地二町八反三畝一五歩のうち九畝一七歩の畑地への開拓願、願人は「村中（総代田中重太郎）」で、隣地所有者二名の了解済み。同時に本年から明治一九年まで七年間の「開墾地鍬下願」および開墾費用見積書が出されている。「荒堀黒鍬手間」「土篩《ふる》ひ・地均《じなら》し手間」「石出し手間」一二円九六銭。

（二）村有の秣場一反六畝一〇歩の畑への開墾願および鍬下願、

（三）持主加納作兵衛の山地一町六反七畝六歩のうち八畝二歩の畑への開墾及び鍬下願

二三、明治一三年一二月一四日　堤防雑木竹伐採願および取調見積書

三才川（六三〇間）・久保川（九一三間）・五反田川（三九六間）・宮川（三八五間）池之川（四一八間）「右川筋堤防近年雑木小竹類生茂り、田中へ打ち倒れ、出水之節水害かつ田地日陰にあい成り……実地検査之上伐木被仰せ付け……相当代価ヲ以て村民へ払い下げ」の願。雑木五七三本、柴五一九束・小竹四束の見積代価二六円三六銭一厘

以上、長々と明治一〇年代前半における西野山村の願・伺・届をみてきた。明治政府の諸政策や京都府による願・伺いに対する許可行政が、村の生産と生活の細部におよんでいたことがわかる。若干補足しておこう。明治四（一八七一）年五月の新貨条例によって貨幣の単位は円・銭・厘に変わったが、西野山村での貨幣の使用あるいは流通状況はどうなったのだろうか。五の「員数取調」の金額（一〇円五〇銭）の意味はわからないが、明治一〇年代になれば貨幣が日常的に使用されていたことは確かだから、不換紙幣の問題は影響が大きかったのではないか。

参考までに明治二年八月の小野村「金子取調員数書」を見よう。「近頃贋金間々有之候由ニ付是迄村内ニ請取居り候贋金有無共巨細員数」を報告せよという命令に対し、八名で一七両二歩（一両台五名、二両台二名、七両一名、いずれも二歩金で）と報告している。贋金ではないという前提での報告であろうが、実態を正しく反映しているかどうかはわからない。

一八の「兵役有志記」もよくわからないが、明治六年一月以来、二〇歳以上男子の徴兵検査が行われてきている。毎年新たな該当者調べが行われていたはずである。戸主かどうか、相続人かどうかなど、兵役（常備兵）免役条項もからんで村では話題になっていたのではないか。

一九の夜学校も興味深い。勧修校発足時の西野山村の男女生徒数は確かめてないが、明治一三年になれば夜学校に二五名の生徒がいる。教育が普及し始めているのである。

一二・二〇も政府の殖産興業政策への西野山村の反応といえるのではないか。明治五年一〇月の芝田竜蔵「石粉製作」願は字長谷南原での採掘願で、山持主および「村内一同示談」済であること、「害ニ不相成堀跡へ苗木植え」という配慮をしていることを述べている。

この年から翌年にかけて採掘願が続いたようで、明治六年一一月の「砥粉・石粉堀場鉱山坪数書付」によれば、芝田氏の二九三坪のほか字峠西原での一七五坪（奥村惣七）、字松原峯山での二〇二坪九分（進藤米治郎）が確かめられる。先に芝田氏の事業が進展し、鉱区借区税を支払っていることを紹介したが、同氏は一二のような採掘願を提出している。このような動きが二〇の博覧会出品に繋がったのであろう。

なお、『史料京都の歴史』月報10.に「聞書、京の砥の粉やさん」として砥の粉製造業奥田政治郎氏からの聞き書きが載っている。また、採掘願に付属して「上ニハ出サズ……心積也」という事業見積もりが残されている。それによれば、白砥の粉土一坪目方四三二〇貫、この製造粉土二〇〇貫「持」、「製上」一〇〇貫、この売値三円売り、この製造入費二円七五銭、その内訳は掘出し手間一人一五銭、土選び三〇銭、山出し二〇銭、「製こし」手間五人・七五銭、「にきり」三人・三〇銭、「こし手間」一人・一五銭、荷作り一人・一五銭、大阪着出賃七五銭である。さらに、「全残引山掘出シ売値段弐百貫目ニ付弐拾五銭」「山元値段一坪ニ付五円四拾銭」とある。よくはわからないところあるが、ご存知の方からご教示をお願いしたい。

明治一一年八月の「村限取調帳」の記述を紹介しよう。石粉山……高さ九丈・周囲弐□□（虫喰）間、一か年出し高二二五〇貫目。砥の粉山……高さ一一丈・周囲四〇〇間、一カ年出高五四五〇貫、砥の粉山‥高さ七丈・周囲二二〇間、一か年出高五一五〇貫、いずれも明治五年一一月に始まり、「此の質極テ佳」である。

六の明治一一年五月、茶製農家による他地域からの季節労働者雇い入れ・止宿願も興味深い。雇用主は規模の大きい製茶農家（一一年の茶生芽生産量一一〇貫、「此の春選」一三貫八〇〇目）である。同家を含む製茶農家は三七戸にのぼる（明治一一年七月「明治拾壱年分茶生芽取調書」）。おおよその規模は生芽一〇〇〜一二〇貫四戸、四〇〜七〇貫八戸、二〇〜三五貫八戸、一〇〜一八貫六戸、一〇貫以下七（不明四）である。同年の村の農家戸数は七一戸と報告しているから茶農家は五二％を占める。茶が重要な農産物であったことがわかる。

社会情勢とのかかわりは流行しているコレラへの対処に集中している。辷り石越えの道が京都との往来に重要な役割を持っていたことがわかるが、それはコレラを村・郷に持ち込む道でもあった。辷り石越えではない、避病院と火葬場を結ぶ新道の開削は山科郷の必死の願であったのであろう。

以上のような情勢の下での西野山村の戸数と人員の状況を見よう。

明治一一年一二月の「戸籍総計表」によれば人員三七〇人（平民男一七〇・女一八八）、戸数は七八戸、その内訳は家持六七、借家四となっている。おそらく家持に社三と寺四と神官、僧尼を加えるべきなのであろう。ただし総計表に綴りこまれている明治一二年一月の報告では戸数七五戸、人員三七〇人（男一七二・女一九八）、同四月の報告では戸数七〇、人員三八〇人（男一七六・女二〇四）になっている。なお出生は男八・女四、死亡は男四・女三である。また一三名の寄留がある。内訳は神官とその家族および雑業の男女で、下京からと石川県越中国砺波郡名畑村（男二名）からである。さらに「職分総計」をみると僧・尼・神官のほか、農男七〇・女八〇、工男一、雑業男二〇・女二五、雇い人男四となっている。

現在は富山県になっている砺波郡からの寄留はどんなつながりがあって実現したのかを考えさせるが、西野山村の送・受籍状況をみよう。明治一一年三月から一二年四月までの約一年間に村に来たのは、「送籍証来書綴」によれば一二件である。神主家への借宅や岩屋寺への入寺（たとえば遠く尾張国春日井郡沖村から九歳の女の子）のほかは、縁付・養子や離縁による復籍も含めて八件ある。東野・栗栖野、北小栗栖村のほかは伏見一・下京四と比較的近隣である。

一方、縁組などで村から出ていったのは二一件である。明治八年一一月から一二年三月までと期間が長いが、行く先は東野・西野・大塚の郷内四、宇治郡清閑寺村・紀伊郡吉祥院村・綴喜郡飯岡村各一のほかは伏見三、下京一〇である。京都下京の各町が多いが、先にみた街道沿いの四宮村の動向と較べればはるかに近隣中心であるといえよう。

続いて大宅村について「明治九・十（年）分統計表……民費・物産」（沢野井家文書）をみよう。京都府からの問い合わせへの回答控えであるが、内容は多岐にわたる。

第一は「民費課出円取調書」である。先の『明細誌』の紹介の際にも少し触れたが、村を流れる河川・堤防や道路等の維持・管理の費用は官費と民費とで賄われていた。この体制が改租後も引き続いていて、その実態の問い合わせに対する村からの回答である。

道路については大宅村の担当は伏見街道（奈良街道）である。大塚・小野村の間の大宅村担当分は長さ二三〇間、その「道路修繕」民費は一三円五〇銭、また「道路掃除」は長さ四二三間でその要費は五円四〇銭であった。

大宅村内を流れる代表的河川は山科川であるが、村が負担するその「堤防修繕費」は長さ二一〇間で一八円、「橋梁修繕」費が三か所で四円五〇銭である。また山田川筋の「養悪水道修繕費」が一か所・三〇〇間で六円八五銭、「御所田川筋」の養悪水路・小道修繕費が一か所・長さ二五〇間で五円二五銭があり、合計五二円五〇銭に上る。これは明治八年七月から九年六月までの出費で、続く九年七月から一〇年六月までは四五円一五銭を要した。ただし、具体的な工事の内容まではわからない。

道路や河川には等級があり、一等や二等の要費は官費支出であるが、さらに村からの支出もあったことがわかる。もちろん村費は道路や河川にだけ支出されたものではなく、その全体をみるためには別の史料を必要とするが、近世の「村入用」の体制が近代にはいっても続いているのである。

第二は「所有地多少ヲ以テ等級区分」である。所有地の有無および多少を基準にした住民調査で、明治一〇年

表10　男女の年齢別構成

男	年齢	女
	80～	1
1	70～80	5
10	60～70	5
11	50～60	20
22	40～50	24
26	30～40	27
41	20～30	30
47	10～20	51
56	0～10歳	50

一〇月の報告である。まず住民（平民）を「有地」四三戸、「無田」六戸、「無宅」九戸に区分する。さらに「有地」四三戸（正しくは四二戸）を一一等級に区分している。

「有地」の内容は耕地・宅地・山林である。一等は一〇〇反以上所有で、以下一一等三反以下までが基準である。大宅村は耕地合計四六一反二三歩、宅地同二九反七畝一〇歩、山林同五二九反九畝一三歩であるから、山林所有の多い戸が上位等級になる可能性の高い区分ではあるが、まとめると一〇〇反以上一戸、五〇～一〇〇反六戸、二〇～五〇反七戸、一〇～二〇反七戸、五～一〇反八戸、三～五反一戸、三反以下八戸に区分されている。そこで所有耕宅地面積で再区分すると、三町九反を頂点とする二〇反以上が一二戸、五～一〇反層が一九戸、一反以下八戸などとなる。合計三九戸であるから、先にみた幕末の戸数七一戸からみても上記の「無田」「無宅」の数値は疑問で、「有地」の下に分厚い無高層が存在していたと推定される。それにしてもこのような調査がどの程度徹底しておこなわれたかわからないが、興味深い民力の把握方法といえよう。

第三は「物産取調書」である。米をはじめとする各種穀物類および蔬菜類から地域の特有産物などで、明治九年一一月八日に二四品目が報告されている。

各品目とその概数をあげると、米（中米）五二七石、糯米四二石、麦九九石、大豆六石、小豆二石、蕎麦九石、粟八七〇合、胡麻五一五合である。蔬菜類は単位がさまざまであるが、大根三八二〇貫、薩摩芋三三六貫、茄子一六八荷、蕪五三荷、綿七二貫、竹関係が孟宗筍三四一貫、竹一八三〇束、竹の皮四九〇貫、燃料関係が松割木八〇〇束、雑木七六五束、柴二三一〇束、さらに茶三一三五斤があり、鶏も三七羽ある。また注目されるのは近世の「村明細」には出てこなかった鍬一一〇丁、鎌一五〇丁、鋤九挺が報告されていることである。明治になって始まったとみられるが、後にみる村の「工」であろう。

第四は戸口調査である。戸数八五戸（持家八〇、借家五）、人員四二四人（男二一一、女二一三）が明治九年一二月時点での報告である。ほかに神社一社、寺二カ寺があった。ここでは本籍平民が「有地」四二戸、「無田」一戸、「無宅」四二戸であるとしている。

平民四二四人の年齢別構成は表10のようである。八〇歳代を頂点としたピラミッド型の人口構成であることがわかる。興味深いのは二〇歳以上について、「書ヲヨミ字ヲカク」者が男五五人・女二五人計八〇人、「書ヲヨマズ字書カズ」が男五九人・女八七人計一四六人としていることである。さきに小学校の生徒数を紹介したが、大宅村の生徒数は男子一六・女子八であった。その一〇年後の実態であろう。

最後は「雇役スル男女数」である。農家で一人を雇用する者一戸、二人を雇用する者四戸、三人雇用が一戸、計七戸で一三人である。他に商家（「売買」）が二戸で二人ずつ計四人、総計一七人である。ただし、奉公人の出身地・年齢・性別や雇用形態などはわからない。

以上のような数値が府に報告され、府はそれらをまとめて府統計書としていったと考えられる。後に見るようにそこでは個別の村々の姿は薄れる。山科郷の他の村々でも同種の史料を見出したいものである。

続いて四宮村の明治一一年「人員取調書」（井上家文書）を見よう。住民八二戸について戸主とその年齢、職種、家族数、旦那寺、各種縁戚関係などが判明する。先にみた明治一〇年の田畑名寄帳とほぼ氏名が一致するから職種と土地所有との関係からみていこう。

職種の圧倒的多数は農業と雑業であり、他はごく少数であるが米商・請酒・煮売り・大工・飴商・旅籠と多彩である。

まず住民の五四・九％を占める無高の職種からみていこう。農一一戸（うち三戸借家）、雑業二四戸（うち九戸借家）で大半を占め、他は米商四・請酒二（うち一戸借家）・煮売り一・大工一・飴商一・旅籠一（借家）である。雑業の具体的な内容はわからないが、交通関係の日雇いや農業への労務提供と考えられる。小作農のほかに雑業や街道関連の各種職種の存在がこの村の特徴であろう。

それでは土地所有者層はどうか。所有規模一町以上を地主層とみると七戸が属する。ただし最高でも約二町歩で地主としても小規模であり、しかも寺院三を含んでいる。所有規模五反～一町層は農一〇戸である。自作農とみられる。三～五反四戸、一～三反層三戸は自小作ないし小自作層であろう。〇・五～一反層、〇・五以下層の農はそれぞれ二戸、六戸である。ここにはそれぞれ農兼煮売り一戸、米商二戸も属している。本稿では地主小作関係の分析を四宮にかぎらず他の村でも欠いているため、手作り地主層や零細所有小作層の経営実態を明らかにできないが、零細所有農と雑業層などは実態としては同一であろう。

各層の縁戚関係の形成状況をみよう。親から子への職業の継承ばかりではない状況と通婚圏の拡がりをみることができる。

農業が親から子（時には婿養子）に引き継がれていくことは、生産手段としての耕地の存在を考えれば当然であり、四宮村でも農家の多くが該当する。ただ、長男が農業を、次・三男が雑業をというケースも含んでいる。一方、他から四宮村に移って新たに農業や雑業等を営むという事例が一三例ある。その特徴は他国出身者が多いことである。四宮村は東海道に沿って近江国志賀郡横木村などと入り組んでおり、それらの地域とは他国という意識は薄かったであろうが、近江国でも坂田郡や高島郡に属する村は遠隔であり、加賀・美濃・大和・越前・石見・若狭国は各一例でしかないが、人々の流動範囲の拡がりを示している。また京町中（下京二例）や愛宕郡聖護院村からの移住も注目される。

奉公人についてもみておこう。雇い主は農業二戸、雑業一戸、飴商一戸であるが、いずれも他国出身の六名（男三・女三）を雇用している。雇用条件などはわからないが出身地は近江国志賀郡藤尾村、関寺町、栗太郡矢橋、野洲郡（村名不明）、山城国愛宕郡聖護院村および丹後国である。移住者に比べれば比較的近隣が多いといえよう。

女性の婚姻による移動状況をみよう。妻だけでなく母親や息子の嫁なども含むから幕末にまでさかのぼるであろう期間の出身地が判明する。四宮村村内は一〇例である。山科郷内は音羽五、竹鼻四、東野三、安朱二、小山二、御陵・椥辻・厨子奥・小野・栗栖野各一である。京町中は五例であるが、下京　建仁寺松原から母・妻ともという事例もあり、古くからのつながりを思わせる。他国では近江国が最も多く、滋賀郡八・栗田郡五・甲賀郡二である。その他は伊予・越中・美濃である。伊予の二例は母と妻で、これも古くからのつながりがあったのであろう。

期間を限定して移動状況を見よう。明治一〇年四月改め「送籍寄留出入り記録」（井上家文書）により、一〇年四月から一一年一〇月までの「受籍」（転入）・「送籍」（転出）・「往来（券）」（旅行届）・「出稼寄留」がわかる。

まず転入からみよう。一五例中七例は女性の婚姻（離婚を含む）による転入で、東野村・安朱村・小野村のほか、滋賀郡藤尾村・上片原町、下京下新シ町である。また越前国足羽郡栃泉村からの老女は四宮村で雑業を営む息子のところへの転入である。ほかに厨子奥・安朱・藤尾村からの一家引越しがあった。

転出二一例も大半が女性の婚姻である。安朱・音羽・御陵村のほか山城国葛野郡・綴喜郡・愛宕郡や近江国滋賀郡・栗太郡および京中へ行っている。男性は御陵村や愛宕郡一乗寺村への婿入りである。一家引越し先は近隣の横木村、藤尾村であった。なお事例中最も遠隔は武蔵国八王子宿八日市町への男性であるが、「送籍」とあるのみで理由はわからない。また大阪野中村へ転出の女性は「差遣シ」とあり、婚姻でなく奉公かもしれない。

「出稼寄留」は大工職一家四名と雑業の一家（人員不明）の、竹鼻村借宅への二～三年間の出稼ぎである。単身では男性一名が三〇日間（行先不明）、女性では藤尾村へ一年間、および下京醍醐町・下京大黒町松原下ル（乳母奉公）へである。

「往来券」は旅行届である。しかし旅行届であるのは一例だけで、男性一名とその妻および仲間の女性三人計五名の紀州高野山への参詣であった。他の六例は実質的には「出稼寄留」である。いずれも雑業の男性で、一名が河内国中堀村へ「茶製造」のため、他はいずれも「私用ニ付」で、大阪府島町・東堀堀本町・広小路町、伊賀国上野、尾張国知多郡富貴市場村と遠隔地が目立っている。

国境いにある街道沿い集落の住民の状況をみてきたが、彼らの関係する地域が幕末・明治初期にはすでに広範囲におよんでいることが確かめられる。しかし、この状況が郷内のすべての村にあてはまるかどうかは、さらに究明事例を重ねる必要があろう。その一例として明治一〇年一月から一二年三月までの二年余りの間の大宅村「戸籍……送籍受籍其他割印簿」（沢野井家文書）を見よう。

記載事例数は送籍二八例、受籍一〇例である。四宮村の事例よりも対象期間が長いにもかかわらず、事例数とくに受籍数は少ない。送籍からみていこう。送籍の理由（引越・縁付・養子）の判明例は七例しかないが、行先は全例でわかる。男性では大阪府・京都上京・山城国久世郡宇治上町・滋賀郡鍛治町の四例が山科郷外である。郷内は御陵・大塚村へ各二例である。女性は愛知県知多郡が遠隔のほかは郷外が京中（二例）・山城国乙訓郡鴨川村・綴喜郡南村・葛野郡・近江国滋賀郡・栗太郡、郷内は小山・音羽・大塚・厨子奥（各一例）である。

男性の受籍は京都上京・紀伊郡竹田村・同石島村が郷外で、郷内は御陵村に四例が集中している。女性は滋賀郡下博労町のほかはいずれも郷内の御陵・東野・上花山（二例）である。送受籍とも事例数が少なく、範囲も遠隔地はほとんどない。また女性の受籍数の少なさは婚姻が村内を主としていたことの反映であろう。

（二）地租改正後の農業生産

前項で見てきたように山科郷の人々の動向は集落や郷の範囲を越えて拡がっていく様相を示している。そのような動きの基盤となる農業生産は地租改正を経てどのような展開を示していくのか。農業が主要な産業である状況は急には変化しなかったと考えられるが、実態はどのようであったのか。

明治に入って京都は衰退したといわれている。確かに国家権力の中枢は東京へ移り、京都市中の人口も減少した。しかし、そのことの影響が周辺地域にどのように及んだのか、あるいは及ばなかったのかはまだ十分には明らかにされていないと考えられる。少し視野を広げて農業生産の様相をみていこう。

明治一〇年『全国農産表』によれば山城国八郡三六八カ村が全国の内に占める位置は実に微々たるものである。『全国農産表』の取り上げる普通農産物一五品目の大半は山城国も生産しているが、最大の生産物である米（粳米）の生産価格は全国の一・〇五％、数量では〇・九五％でしかない。次位の甘藷もそれぞれ〇・五七％、一・〇四％である。三位以下とその数値は省略するがさらに低位である。

特有農産物はどうか。全国の産物は四〇種近い多岐にわたるが、そのうち山城国が産出するのは九種である。こちらは価格で比較するしかないが、山城国最大の特有産物である製茶は全国の〇・〇九％である。次位の実綿は〇・〇一％、三位の藍葉は〇・〇七％でしかない。改めて確認するまでもないことかもしれないが、京都周辺の農業生産と京都市中の手工業などが結びついて特有の地域を構成していたということはない。普通農産物や調査対象ではない蔬菜類の生産が京都市中の消長と関連することは当然考えられるが、それはむしろ生産する側から考察すべき問題であろう。

それでは山城国八郡の農業生産はどのような展開を示すか。とくに山科郷が属する宇治郡に焦点をあててみていこう。まず明治一四年『郡誌』による税地すなわち耕地により郡の大きさを確かめておこう（表11）。最大の相楽郡を一〇〇とすると宇治郡は四五・一で半ばにも満たない。この点をたえず意識しておく必要がある。どの郡も水田が過半を越えているが、それでも郡間に差があり、五七・九％から七九・五％までの開きがある。宇治郡は六六・七％でほぼ中間の位置にある。また耕地一反当りの地租は葛野郡の約三・三円から久世郡の約二・〇円までの開きがあるが、宇治郡は二・六四円で愛宕郡（二・九三七）に次ぐ三位である。

農産物は米（粳米・糯米）、麦類（大麦・小麦・裸麦）、粟・稗・黍、大豆、蕎麦、甘藷、綿、麻、繭・生糸、藍葉、製茶、葉煙草、菜種、玉蜀黍、馬鈴薯であるが、栽培面積は一部しかわからず、生産量も石と斤に分かれ統

表11　山城国各郡の税地と地租

郡名税地	田	畑	計	地租	口米金	戸数（平民・士族）	人口
宇治	町反畝歩 855.7.1.17	町反畝歩 426.4.4.14	町反畝歩 1357.5.4.10	円 銭厘 35758.19.3	円 銭厘 1079.68.4	2495（2430・65）	11838
愛宕	1358.4.3.15	505.2.7.05	1924.2.6.26	56507.00.2	1725.71	6823（6319・489）	32874
葛野	1781.5.8.07	545.4.2.24	2435.7.3.21	80417.09.0	2426.93.8	5826（5660・162）	27732
乙訓	1569.6.3.13	404.6.2.11	2156.2.0.20	52640.13.6	1586.80.4	3246（3208・38）	16110
紀伊	1645.3.2.03	456.2.2.28	2155.0.3.08	50413.40.8	1549.42.2	3552（3513・39）	16963
久世	1366.2.6.18	993.1 2.07	2468.5.1.13	492696.77.1	1483.52.6	4818（4114・704）	22417
綴喜	1541.1.4.26	750.5.6.29	3003.9.6.24	67502.80.0	2045.19.8	6132（6099・32）	28314
相楽	2131.2.7.00	749.4.9.01	3010.9.7.28	73637.99.7	602.09.6	7594（7570・24）	34761

注1　税地合計には新田・新畑・大縄田・大縄畑を含む。
注2　明治14年「郡誌」による。合計に疑問の郡もあるが、史料のまま。

一していない。そこで栽培面積のわかる主として普通農産物と、収量を斤であらわす主として特有農産物に区分してみていこう（表12）。

最大の普通農産物はすべての郡で米である。その収量は相楽郡の四万一九八〇余石から宇治郡の約一万九七三〇石まで差がある。ほぼ栽培面積（播種面積）の大小に比例しているが若干のずれがある。そこで反当り収量を郡別にみると、二石四斗台（二・四一三〜二・四三四石）が紀伊・乙訓両郡、二・三石台（二・三三一〜二・三三一石）が葛野・宇治両郡、一・八石台が綴喜、一・七石台（一・七五八〜一・七五一石）が久世・相楽郡となる。宇治郡は中位に位置しているといえる。なお愛宕郡はきわめて低く約〇・四石で栽培面積か収量のどちらかの数値に疑問がある。

表12　山城国各郡の普通農産物と特有農産物（明治10年）

	普通農産物											
	米・粳米				麦類（大麦・小麦・裸麦）				大豆			
郡名	播種面積（反）	収量（石）	反収（石）	単価（円銭厘）	播種面積	収量	反収	単価	播種面積	収量	反収	単価
愛宕	反 5245.6.5	20928	0.399	4.96.7	反 1013.3.1	6940	0.685	2.64.3	反 64.7.9	328	0.506	5.25.7
葛野	1607.9.9	37490	2.331	4.47.1	436.4.3	9260	2.122	2.33.1	46.8.5	545	1.168	4.03.3
乙訓	1528.0.9	36870	2.413	4.85.6	312.5.8	4545	1.454	2.58.5	67.9.0	212	0.312	5.14.0
久世	1280.6.1	22513	1.758	4.86.1	365.9.8	4181	1.142	2.95.6	26.1.2	278	1.064	5.00.0
宇治	850.0.6	19728	2.321	4.52.5	154.2.0	3142	2.038	2.97.6	9.2.6	97	1.048	4.95.0
紀伊	1205.7.8	29349	2.434	4.83.7	226.2.8	3862	1.707	2.86.7	7.6.8	106	1.380	5.62.5
綴喜	2059.0.7	37313	1.812	4.72.0	540.6.5	6818	1.261	2.74.3	426.0	313	0.735	4.48.0
相楽	2397.6.5	41984	1.751	4.48.1	926.5.1	8388	0.905	2.53.3	529.3	429	0.811	4.60.0

	特有農産物									
	茶		実綿		菜種		葉煙草		藍	
郡名	収量（斤）	単価（円・銭・厘）	収量	単価	収量	単価	収量	単価	収量	単価
愛宕	26577	0.25.6	3328	0.06.1	5392	5.40	768	0.35.0	46055	0.06.2
葛野	72799	0.04.8	106641	0.07.1	5422	6.10			253050	0.04.8
乙訓	26762	0.29.8	25355	0.07.1	1623	5.30	250	0.10.5	1920	0.05.0
久世	291508	0.24.8	151194	0.08.7	74	5.20	5910	0.07.5		
宇治	89444	0.26.0	11915	0.07.3	341	5.50				
紀伊	46097	0.32.8	7858	0.08.3	1766	6.25			208217	0.05.5
綴喜	284599	0.22.8	296034	0.07.7	1180	5.43	3139	0.07.5		
相楽	256368	0.22.9	205983	0.08.7	904	4.95	7858	0.05.7		

注　『明治10年全国農産表』により作成、数値の一部を省略。

次に石当たり平均米価も郡の間に四・九六円余の愛宕郡から四・四七円余の葛野郡まで差がある。宇治郡は四・五二円余である。このような差がどのようにして算出されたのかはわからないが、郡間の収量の差にみられるような差は価格でもみられる。

収量が米に次ぐ麦類を見ると、反当二・一二二石の葛野郡に次いで宇治郡が二・〇三八石で、他はいずれも一石台かそれ以下である。大豆は紀伊郡（反当一・三八〇石）を筆頭に葛野郡（一・一六三石）、宇治郡（一・〇四八石）と続く。粟・黍・蕎麦も全郡で栽培されているが、面積・収量ともにわずかである。甘藷は相楽・久世・綴喜郡で多いが郡の大きさによるものであろう。

特有農産物は種類は多いが、すべての郡で栽培されているのは茶・綿・菜種である。栽培面積がわからないので収穫数量をみるしかないが、茶は久世・綴喜・相楽郡が二五～二九万斤余と抜きんでて多い。大きな郡で栽培面積も大きいからであろう。ところが第四位は面積の小さい宇治郡で八・九万斤である。五位は宇治郡より面積の大きい葛野郡の七・二万斤であるから茶が宇治郡を代表する特有農産物であることがわかる。綿はほぼ郡の耕地面積に比例しており、菜種は京都市中に近い葛野・愛宕郡で多いといえる。

他の特有農産物は藍葉が愛宕・葛野・紀伊郡で多い。葉煙草は久世・相楽郡で目立つが茶などをしのぐほどの規模ではない。

以上のようにみてくると、米が生産量・収穫金額とも圧倒的な位置にあることが明らかである。そのうちどのくらいが従来から商品化されてきたかはわからないが、年貢納入に代わり地租を金納するために米の商品化がさらにすすんだであろうことが予想される。また米以外の普通農産物の自給自足的な性格にも影響を与えたであろう。

最後に再び表11に戻って住民についてみよう。どの郡にも若干の寄留戸があるがごく少数であり、本籍戸が住民であるといえる。そして戸数、人数とも郡の大きさに対応している。そのなかで淀城下を含む久世郡と、京都市中に北接する愛宕郡・葛野郡の士族の多さが目立つ。それに次ぐ宇治郡は山科郷士との関連が考えられよう。

山城国八郡の諸状況を郡を単位として概観してきた。その中で山科郷の属する宇治郡は八郡のなかで最小の耕地面積、最小の戸口であるが、ほぼ中位の米反収を実現し、茶を中心とする商業的農業を展開している郡として把握される。そのような郡の特徴をさらに明らかにするためにも、郡を構成する村々、とくに山科郷の村々をみていこう。

（三）明治一四年『村誌』にみる山科郷

宇治郡を構成する三八カ村は南部と北部にほぼ二分される。北部山科郷の村々を見ていくにあたってまず南部を概観しておこう。南部の村々を田畑面積の大きい順にならべ、その特徴点をあげれば次のようになろう。

第一は田畑面積一〇〇町歩以上の醍醐、五ケ庄村、同七〇町歩以上の木幡、莵道村、五〇町歩以上の石田、日野村の六カ村で南部地域田畑全体の八一・九％を占めていることである。これは戸数、人口でも共通しており、大規模村を中心にした地域構成といえる。

第二に住民は圧倒的に平民である。醍醐村などに若干の士族がみられるが、醍醐寺など寺院関係であろう。

第三に物産は普通農産物のほかに菜種・茶・綿・竹・薪炭があげられ、とくに茶はすべての村で栽培されている。

以上に対し郡北部を構成する山科郷の村々は、勧修寺村八一町余を筆頭に五〇町歩以上五カ村であるが、それに続く村々の数が多く、大規模村集中型とはいえない。むしろさまざまな規模の村が郷内にまんべんなく存在しているとみることができる。

先に江戸期の「道法覚」をみたが、それにならって郷内を通る主要道路（街道）に沿って東部・西部・中央部に区分してみていくほうが郷全体の把握になると考えられる。すなわち、盆地東部の山麓平野部に奈良街道などによって村落が連なっている地域、同じく盆地西部東山山麓から平野部の地域、両者と盆地北部で連なり、さらに盆地中央部平野部へと連なる地域である。

先に明治四年『宇治郡明細誌』でみた村ごとの状況は、地租改正を経てどのような状況になっているか。京都府は地租改正により全体としては増歩・減租となった管下の実状を改めて詳細に把握する必要があったであろう。各村について簡単な沿革に続いて、疆（境）域・幅員・管轄沿革・里程から始まって、地勢・地味・飛地・字地から貢租まで、さらに山・川・森・湖沼・道路・堤塘から寺社・古跡・古址・陵墓に及び、また貢租と関連して税地・戸数・人員・民業・物産から牛馬・船車まで調査している。それらは郡別にまとめられて明治一四年『郡誌』となり、さらに各村ごとの『村誌』となった。

以下、村ごとにみていくが、境域は村の境界となる道路、河川やそのほか隣村との境界を示すものなど、幅員は東西・南北であらわした村のおおよその長さで、村の面積を示す。管轄は近世の領有状態、里程は村の中心部から府庁までの距離である。これらがすべての村に質問されているが、回答は概略にとどまっていたり、管轄のようにほとんどの村が天皇領であったから同様の表現の反復になっている。これらは省略して、地勢以下の回答を見ていきたい。回答にはいくつかのパターンがみられるが、おのずから地域の特徴を表している。また、現在の町名とのつながりも見られるから字地もあげよう。まず東方から山科盆地に入り、東部の村々をみていこう。なお数値の不一致がいくつかの村でみられるが史料のままである。

四宮村

地勢からみよう。「四面田野ニ接シ南方一角突出シテ音羽・小山両村内ニ斗入ス」と述べているが、村域は音羽・小山両村と入り組んでいる。さらに滋賀郡の諸村とも入り組んでいて、その状況は今に続いている。また、

「三条街道ノ中央ヲ貫通スルヲ以て運輸極メテ便ニシテ、薪足リ炭乏シ」と表現されている。村の中央を三条街道（東海道）が通り、交通の便が良いという表現は村の位置をよく示している。街道沿いの村々で頻出する表現である。

また、判断基準はわからないが「薪足リ炭乏シ」という表現は他の村でもさかんに用いられる定型表現である。地味に移ろう。「其色赤黒相交リ其質中等砂礫多シ」、さらに「稲禾ニ可ニシテ桑茶適セス」、「水利不便ニシテ時々旱ニ苦ム」という。土の色を赤と黒であらわし、土質を中等としている。上・中・下等のどれかに区分するのは他の村でも多くみられる表現である。また、稲・桑（養蚕）・茶の生産の適否がかならず質問されていたようで、どの村でも適否を答えている。稲は最重要の普通農産物であり、桑と茶は山城国を代表する特有農産物として重視されていたのであろう。

字地　堂ノ後（村中央）・岩久保（北部）・川原（東北）・山田（東北）・大将軍（東）・泓（東）・鎌手（東）・芝畑（東）・垣ノ内（南）・南河原（西南）・神田（西南）・泉水（西）

村内を流下する四宮川は幅三間、その堤防は馬踏（堤防上部）一間・堤敷二間である。「平時水無シ、霖雨ノ際ハ暴漲ス」という。普段は水が少なく、長雨の時には暴れ川となるという表現は他の村でも共通する。盆地特有の地形を流れる中小河川の特徴であろう。

税地（田・畑・その他）と地租、戸口（戸数・人口）及び物産については後に一括してみていくことにして、ここでは「民業」を確かめておこう。四宮村は本籍六四戸であるが、他からの寄留戸三戸を含めた住民の民業は農四三戸・商四戸・雑業二〇戸計六七戸である。同村については街道沿いの村として雑業の比率の高さを先にもふれた。ただし農についてはその経営規模や地主小作関係の拡がりなどはわからない。雑業も同様で内容は多岐にわたると考えられるが、具体的にはわからない。

髭茶屋・八軒町

三条街道に面し、滋賀県滋賀郡の諸村と境界が入り組んでいる。村の沿革として「大仏殿創建ノ際道路ノ変換ニヨリ民家ヲ……移ス、当時蓄髪之老翁茶店ヲ斯ニ設ケ」とか、「当時本町ノ家屋僅カニ八軒ナルヲ以テ」など、秀吉由来の地名説話をあげている。

地勢は「土地平坦、人家軒ヲ三条街道ノ南ニ連ヌ、運輸便利、薪炭乏カラス」である。

地味は「其色赤ク、其質下等、稲粱ニ可ナラス、水利稍便ナリ」という。ただし、両町とも少しの畑しかない。農業の村ではなく商業や手工業によって成り立つ村であったことは、髭茶屋町の「民業」が商七戸・雑業八戸、八軒町が商三・工二・雑業八戸であることでわかる。製品の算盤や針は「京都及び諸国ニ輸出ス」とされている。

なお村中央部の字地は屋敷という。

小山村

髭茶屋町で三条街道（一等道路・幅三間半）から分岐した六地蔵街道（一等道路・幅三間）を南に下ると小山村に達する。

地勢は「三面山ヲ負ヒ西一面田野ニ接ス、土地隆窪著ク」とある。西側が開けて田畑が広がるが、土地の凹凸がある。そのため運輸は不便であるが、「薪炭乏シカラズ」という地勢である。

地味は「其色赤黒相交リ、其質中等、茶ニ適シ稲麦ニ可ナリ」である。また「水利稍便ナリ」としている。

字地　南溝・中ノ川・小川・中島（村南部）、北溝・西ノ御所（同西部）、谷田・鎮守・神無森（同北部）、御坊ノ内・大石山（同東北部）、北林・谷田山（同西北部）

山と川　音羽山あるいは牛尾山、そこからの谷水（幅三尺）が流れ下り、末は音羽川（二等河川）に入る。音羽川の支流に中ノ川、谷田川がある。どちらも水田の用水になっている。

古跡　『山城志』によれば、釈心教の住んだ十住心院址がある。また、字西ノ御所には藤原実雄の山荘跡があるという。

民業　住民八〇戸のうち六三戸まで農であるが、ほかに採薪業一六戸・猟一戸・工一戸がある。また牛二七頭がおり、荷車二七などがある。採薪業の出荷する薪は一六八九〇貫に及ぶ。

大塚村

昔、小野郷に属し、御塚村と称したという。大宅村・椥辻村と一緒であったというのは「山科家礼記」によるのであろう。

地勢は「東山嶺ヲ負ヒ、音羽川一帯北境ヲ流ル」「土地概ネ平坦、東ハ山ニ接近スルヲ以テ土地漸ク高シ」とあり、「運輸ハ頗ル便ニシテ薪炭乏シカラズ」という。

地味は「其色赤ク其質中等、稲粱茶桑ニ適ス」と、中位ではあるが生産に適するとしている。ただし、この村も「耕田全ク高地ニアルヲ以テ水利ニ便ナラス、時ニ旱ヲ患フ」。

字地　北溝（村の東北）・壇ノ浦（東南）・西浦（西）・南溝（東）

山は大塚山がある。そこから出る細流の一つは字南溝の田に入り、一つは壇ノ浦の用水池に流れ込む。川は二等河川音羽川が小山村方面から本村へ流れている。水深は深いところで九尺、浅い所は六尺、堤防の馬踏二間・堤敷六間。河原には根固めの雑木が生えている。修繕費は官費である。

道路は幅三間の一等道路大津街道（上記六地蔵街道のこと、現在の奈良街道）があり、また、村中央や旅所前から分かれて東野村を経て京都に達する支道がある。

古墳が一基、村の北方、大津街道の傍らにある。「碑石ナク墳上老松一樹アリ、何人ノ墓ナルヲ詳ニセス」とある。

戸数六四戸の民業は農三五、傭役一六・採薪六・商三・工二・猟一である。牛は九・馬は二頭にとどまる。

大宅村

昔、小野荘に属し、椥辻・大塚村と一村であったが「何レノ年カ分離セリ」という。またさらに昔、大化の頃藤原鎌足が本村に居住し、村名を大宅としたという。

地勢は東に大宅山があり、西に山科川が流れ、「土壌平坦、東部稍高シ、運輸便利、薪炭乏シカラス」地味は「其色赤ク其質中等、稲粱ニ適シ桑茶ニ可ナリ」である。また、「西部ハ低地なルヲ以テ水利便ナレトモ、東部ハ時々旱ヲ患フ」という。

字地　木戸ノ上（村東部）・細田（西）・沢（西）・神納（南）・御所田（東北）・奥山田（東南）・打明（西北）

山は大宅山、樹木茂生し、渓流が三条、田を少し潤した後に山科川に入る。

山科川は深い所一丈、浅い所で九尺、幅一丈八尺、馬踏六尺・堤敷四間、「清ニシテ急」の流れで小野村へ流れていく。また、八官川（深さ二〜三尺、幅二間、馬踏一間・堤敷二間）が椥辻村から入って、小野村へ出ていく。

古址　山科宮址、村の東方にある。現在遺跡は明らかではないが、広御所とか泉殿とか御所の田などの地名がある。また、大宅寺址が村の東方にある（『雍州府志』）。

戸数は八五、その民業は農六〇・傭役一八・猟師二・工芸一である。工芸の内容はわからない。

小野村

昔の小野郷の「主村」であるという。また「小野ノ地名ハ出羽ノ郡司小野氏ノ女小町ナル者此地ニ住居セシヲ以テ小野ト称ス」と小町伝説をあげている。

地勢　東に陀羅尼山、西に山科川が流れ、南は平らであり、「運輸便ニシテ薪炭乏シカラス」という。

地味「其の色赤黒相交わり其の質上等、稲粱ニ宜シク桑茶ニ適ス」、「水利便ナレトモ、東部ハ山田ニ属スルヲ以テ旱ヲ患フ」という。地味は上質であると評価しているが、後半の表現は他村と同様である。

字地　御所の内（村東部）・御領（東南）・西浦（西南）・高芝（西北）・庄司・葛籠尾（ともに中央部）

山　東方に陀羅尼山がある。「樹木茂生」する山である。そこから出た渓流が音羽川に入り、さらに山科川に合流している。また、同じく東方に小野山がある。そこから出た渓流は醍醐村へ流れ出ている。

官林山神林がある。松や雑木の生えている山である。

川　山科川・高川・中川・化粧川がある。それぞれの堤防は馬踏一間から四尺、堤敷五間から六尺である。

道路は一等道路大津街道が幅三間で村内を通り、そこから村中央付近で分かれて勧修寺村へ通じる支道（伏見街道）がある。村中央には広さ四坪の村会所がある。また、五等郵便局がある。

戸数は六三戸。その民業は農三五、採薪二〇、樵業一〇、猟業二となっている。

ふたたび盆地北部に戻り、盆地西部に連なる村々をみていこう。

日岡村

地勢　東北は山を負い、西南は田圃が多い。しかし、地勢は全体として「一高一卑」、高低さまざまということであろう。ただし、三条街道が通っているので「運輸便利」である。また「薪足リ炭乏シ」い。

地味「其色純赤、其質下等、稍稲粱ニ可ニシテ桑茶ニ適セス」と最も厳しい評価をしている。「水利不便ニシテ時ニ旱ヲ患フ」も同様である。

字地　石塚（村南部）・ホッパラ（同）・鴨戸（東）・坂脇（中央）・浅田（北）・一切経（北）・堤谷（東北）

山　将軍山、一名を夷谷という。樹木は生えていない。全山草原のような状態である。渓水が南禅寺村に流れ出ている。

川　岡川　厨子奥村境（飛地？）から流れてきて、東南にむかい、御陵村境で安祥寺川に入る。幅四尺、「平時水無シ、霖雨ノ際膨張ス」る川である。この川の上流、三条街道の通る橋が蛇谷橋で、長さ五間、幅一間、石造である。この川の堤防は字ホッ原から御陵村境まで長さ三丁四〇間、馬踏三尺・堤敷二間。河原には根固めの小竹などが生えている。

道路　三条街道が通っている。日岡村分は下京八区境から東方御陵村境まで長さ一二丁である。この間の幅四間半。字一切経で南に折れ、御陵村に通ずる支道がある。

牛は二頭だが人力車七、荷車六がある。

戸数五八戸、人口一三九人。男女とも「皆雑業」とある。先の髭茶屋・八軒町とともに農業の出てこない村である。三条街道日岡峠のある村で、交通関係の「雑業」に従事する住民が多かったのであろう。なお御陵および北花山村に若干の田の飛地がある。

上花山村

本村の始まりは詳しくはわからない。里老は「白雉白鳳ノ際ハ華頂ト称セシヲ桓武天皇都ヲ平安ニ移サレシトキ花山ト改称ス」「天正中三村ニ分レ、南方ノ高地ヲ上花山ト称シ、北方ヲ北花山ト称ス」と話す。

地勢　西北は山を負い、東南は田野に接する。土地の高低が著しい。「運輸不便・薪足リ炭乏シ」。

地味　「其色概ネ二部ニ分ッ、山地ハ純赤ニシテ低地ハ黒色・茶褐色錯ル」「茶ニ適シ稍稲梁ニ可ナリ」「水利不便ニシテ時々干ニ苦ム」

字地　旭山（村の西北）・溝田（東）・花ノ岡（中央）・桜谷（東）・坂尻（西南）・久保（東南）

山　旭山、樹木がうっそうと生えている。

川　分木溝　本村の谷の水で、東南に流れ北花山村に入る。「平時水少シ霖雨ノ際膨漲ス」、幅一尺三寸。

官林桜谷林がある。面積八反余、松や雑木などが生えている。

用水池　瀧坪池　東西二三間半・南北一四間、村の西方にある。舞台池　東西二六間・南北九九間、村西方にある。桜谷池　東西二〇間・南北一丁、村西方にある。久保池　東西二一間・南北一丁、村の東南にある。いずれも村の用水にする。

道路はいずれも村道で、渋谷道は北花山村境から西方の清閑寺村に通じる、長さ三丁三間・幅二間。醍醐道は北花山村からくる。

民業は農二〇戸、雑業三戸。

北花山村

沿革は上花山村とほぼ同じ。「天正十七年ニ至リ三村ニ分割シ、南方ヲ上花山・下花山ト称シ、北方ヲ北花山ト称ス。寛保中下花山ヲ本村ニ合併シテ更ニ北花山村ト称ス」

地勢　西北は山で、東南は原野に接する。土地の高低は自然と階段状をなし、わずかに北がやや広く、あたかも螺旋形のようである。「運輸不便、薪足リ炭乏シ」。

地味「其色赤黒相交ハリ、其ノ質砂礫多シ」「稲粱ニ可ナラス、茶ニ適ス」「水利不便ニシテ、時ニ旱ニ苦シム」

字地　西野（村西南）・市田（南）・中道（南）・大林（南）・寺内（中央）・河原（中央）・六反田（中央）・横田（東）・山田（北）

山　大峰山、村の西方にある。山脈が続き、勧修寺山に連なる。ここから渓流が三本流れ出ており、いずれも深さ三寸・幅二尺、田の用水となって後、安祥寺川に入る。

川　谷川、深いところで四尺、浅いところで二寸、河原の広さ四間。本村大峰山から出て、西野村に至って安祥寺川に入る。村の中央で渋谷街道がこの川を渡るところは幅二間二分・長さ一間六分の石橋がかかっている。
官林宮ガ森がある。面積二町歩弱、村の西方にあり、松・桧などが生えている。
湖沼　上稚児ケ池　東西一二間半・南北四七間半・周囲二〇三間。
下稚児ケ池　東西一二間半・南北八六間、周囲四九二間。
西野池　東西三一間・南北八六間・周囲二〇三間。
いずれも田の用水に供する。
堤塘　横田堤　上記谷川に沿って、村の東方西野村境から本村の東字中道に至る。長さ六三間半、馬踏四尺・堤敷三間、根固めの灌木や竹が生えている、修繕は官費である。
陵墓　僧正遍照墓　村の南方字中道にある。墓の上に岩石一個・老桜樹一株あり。
戸数四〇戸の民業は農二〇戸、雑業一九戸、商業一戸である。

川田村

里老の言によれば元は原野で、「白鳳中ニ至リ大舎人良輝ノ孫良基」が初めて開拓し中西路と称したという。文和年中に「西浦村」と改称、さらに天正元年に今の名称にした。
地勢　周辺は田野で、岡西川が村の中央を流れ、土地は平坦である。「運輸最便ナレトモ薪炭ハ却テ乏シ」
地味　「其色黒ク其質上等、稲粱及ヒ茶ニ適ス、然トモ水利不便ニシテ常ニ旱ヲ患ウ」
字地　前畑（村の東）・南畠（南）・中畠（中央）・西浦（西）・御輿塚（西）・菱尾田（西）・土仏（西）・岡西（東）・梅谷（東）・御出（東）・山田（東）
山　梅谷山　高さ一五〇丈、樹木繁茂、谷水が一筋東に流れ、田の用水になる。

川　岡西川　上花山村から来て本村の中央を貫流し、西南方西野山村に入る。幅三尺、「平時流水ヲ見ス、霖雨ノ際暴漲ス」

本村より愛宕郡今熊野村に通ずる村往還に橋（長さ三尺・幅二尺・石造）がかかる。

道路　醍醐道　上花山村より東野村に至る。幅一間。村道。

湖沼　前田池　村西方にあり、東西一〇間・南北一〇間、村の用水にする。

戸数六一戸の民業は農業一五戸、雑業四六戸である。

栗栖野村

西野山、東野両村の属邑で、栗栖野新開場という原野であった。享保一五年八月徳川家光の娘千代姫がこの地を入手し、山城国乙訓郡大山崎の観音寺に寄付した。その後、久世郡寺田村や紀伊郡富森・下鳥羽両村の人々がこの地に移住して開墾し、独立して栗栖野新田と称した。明治五年に新田の称をやめて今の名に改める。享保一五年から観音寺領であったが明治維新後京都府管轄になる。

地勢　四面すべて田野に接し、土地は平坦である。「運輸不便ニシテ薪炭乏シ」

地味　「其色黒ク其質下等、稲粱ニ適セス、桑茶ニ可ナラス、水利不便ニシテ時々旱ヲ患フ」

字地　狐塚（村の北部）・打越（村の中央）・華ノ木（村の西南部）

道路　村道……勧修寺村と川田村に通じる、幅二間。村の北端から東に折れ、東方椥辻村へ通ずる支道がある、幅二間。さらにそこから西に折れ、西野村への支道がある。

戸数一五戸の民業は農一一戸、農兼製茶五戸、工三戸、雑業二戸（数値が合わないが、史料のまま）

西野山村

本村はもと南花山または西花山と称したというが、詳しいことはわからない。

地勢　西・北・南の三方は山で囲まれ、東の一帯が田野に接している。土地は高燥で、人家が山麓に散在している。「運輸不便、薪足リ炭乏シ」

地味「其色　赤黒粘土ニシテ小石ヲ交エ稍稲麦ニ適ス、水利不便時々旱ニ苦シム」

字地　桜馬場（村の西）・中鳥井（東南）・射庭ノ上（東）・中臣（東南）・百百（北）・欠ノ上（東北）

山　岩カ谷山　高さ二二尺、南北の山々に連なり樹木が疎生している。細流が流れ田の用水にしている。

川　三才川　深さ一尺・幅三間、「清ニシテ緩ナリ」、西野村から来て勧修寺村へ流れる。この堤防は馬踏一間・堤敷二間五分、修繕費は官民双方。

道路　滑石越道　愛宕郡今熊野村から来て勧修寺村へ至る。村境から長さ一九丁八間、幅一間四尺。長谷より西折して伏見稲荷神社へ通じる支道や、増口より東折して西野村に通ずる渋谷街道がある。

古跡　明（妙）応庵址　村の北にある。禅宗東福寺末、明治六年二月廃絶。

大石良雄宅址　村の南、岩屋寺の前にある。東西約一〇間・南北九五間、碑あり。

碑文「是胡赤穂侯重臣大石良雄所仮居之処也如其忠誠光哲既伝而膾炙人口（以下略）」

進藤源四郎宅址　村の北方、字篠田にあり。今の村民進藤為四郎の宅地がその遺跡である。源四郎は名を俊式といい、赤穂藩に仕え禄四百石、鉄砲頭となる。彼の妻は大石良雄の妻の姉である。浅野氏断絶の後、良雄を伴い郷里に帰り、良雄に住宅を与えたという。源四郎は正徳・享保の頃まで村にいたが、田畑屋敷を家僕某に託し安芸に行き、戻ることはなかったという。

戸数六九戸の民業は農業四九・製茶業一六・工三・猟師一である。

勧修寺村

管轄　往古は山科大領宮道弥益の領地。昌泰年中に勧修寺領となり、慶長年中に一部醍醐寺領となり、明治維新の後京都府管轄に帰す。

地勢　西南は山を負い、東北は田野に面する。土地はおおむね平坦である。「運輸稍便、薪足リ炭乏シ」

地味「其色赤黒相交リ、其質中等、稲粱ニ宜ク桑茶ニ可ナリ」「水利便ナレドモ山田ハ時々旱ニ苦ム」

字地　村の東　平田・閑林寺・西北出・風呂尻・東出、村の西　南大日・堂田・小松原・北大田、村の南　下茶屋、村の北　東金ヶ崎・西金ヶ崎・泉玉、村の西南　御所ノ内、村の西北　西栗栖野、村の東北　東栗栖野、村の中央　福岡・瀬戸河原

山　南大日山　村の西南にあり、紀伊郡深草村に接する。　北大日山　村の西北にあり、八幡山　村南部、丸山「平山」（標高なし？）

川　山科川　大川・落合川ともいう、深さ六寸・幅五間、「清ニシテ急ナリ」

　宮川　深さ六寸・幅一間五分、山科川に入る、「清ニシテ急ナリ」

　高川　小野村より来て村中央落合で山科川に入る、「平時水無シ、霖雨時暴漲ス」

　落合橋　山科川に懸かる、大津街道で小野村に通ず、長さ五間三尺・幅一間三尺、石造。

　中ノ茶屋橋　宮川に懸かる、大津街道で伏見方面へ、長さ一間半・幅一間、石造。

　化粧橋　三才川に懸かる、京都往還、長さ三間三尺・幅一間、石造。

　林寺橋　山科川に懸かる、醍醐往還、長さ八間三尺・幅一間、土造。

　宮川橋　宮川に懸かる、村往還、長さ二間・幅一間、石造。

用水路　平田溝・中溝・蛇川溝・新川溝・西金ケ崎溝・縄手溝・東出溝

堤塘　山科川堤（馬踏二尺・堤敷二間）、高の川堤（馬踏一尺・堤敷一間）、山川堤（馬踏二尺・堤敷一間半）、三才

川堤（馬踏三尺・堤敷二間半）
道路　伏見道・京道・小栗栖道・大仏道・村往還
森林　丸山林（官林）
鉱山　砥粉山、硅石坑
陵墓　藤原胤子陵、藤原高藤墓、藤原定方墓、明智光秀胴塚
学校　勧修寺内にあり、男生徒六三名・女生徒五四名。
戸数一〇七戸の民業は農業兼製茶一〇六戸、猟業一戸。

再び盆地北部へ戻り、盆地中央部の村々をみていこう。

御陵村

天智天皇の山稜が村内にあることから御陵村という。明治四年安祥寺領安祥寺村を合併。
地勢　三方が平坦で、北部一帯は山が連なる。三条街道が村の南部を通っている。「運輸便利、薪足リ炭乏シ」
地味「其色赤黒相交リ其質中等砂礫多シ、稲粱ニ適シ桑茶ニ適セス」
字地　天徳・別所・進藤（以上村中央）、四町野・三蔵・大津畠・島ノ向（以上村東部）、中内・中筋・血洗・荒巻（以上村南部）、久保・岡・岡ノ西・池堤・鴨戸・原西・下御廟野（以上村西部）、山ノ谷・檀ノ後・牛尾・上御廟野（以上村北部）、田山・平林・沢ノ川（以上村東北部）。
山　大谷山　村の東北にあり、樹木が疎生している、その東部は官の安祥寺山に接する。渓流二流は田の用水になっている。
　大岩山・黒岩山　そこからの渓流は山ノ谷川に入る。封じ山　高さ約六五丈、村の西北にあり、樹木は

疎らで、渓流は田の用水になっている。
川　安祥寺川　二等河川、上野村から来て、村中央を斜めに流れ、字血洗で山ノ谷川・岡川を合わせ、南へ流れて厨子奥村に入る。「平時水流ヲ見ス、霖雨ノ際暴漲ス」
安祥寺橋　三条街道が安祥寺川を越える橋、日岡村に通ずる、長さ二間・幅四間・木造。
古田橋　三条街道が山の谷川を越える橋、長さ一間・幅三間半・石造。
森林　安祥寺山林　官林、二〇〇町歩余、村の東北にあり。松・杉・桧など八万三千本余、雑木二二〇〇株あり。
堤塘　安祥寺川堤　村内の長さ五丁四〇間余、馬踏一間。堤敷四間余、根固めの樹木あり、修繕費は官と民双方から。
陵墓　天智天皇陵　封土の高さ約五丈、境内東西三丁二〇間・南北三丁五間、村の西北、大岩山の麓、字御廟野にある。陵上に老樹数株あり、陵の右に天智天皇社がある。元の遥拝所。
藤原順子陵　境内東西二〇間・南北二〇間、字御所平にある、陵の上に老松数株あり。
古跡　鏡山、鏡池、『雍州府志』にあり。
飛地　北花山村内に田畑・藪地九反余、日岡村に田六反余。
戸数一〇〇戸の民業は農業七五戸、雑業二五戸である。

上野村

里老いう、もと安祥寺山麓字寺井に集落があったが、いつの時か今のところに移住す。
地勢　田野開け、土地平坦。「三条街道其南方ヲ通スルヲ以、運輸便利、薪炭共ニ乏シ」
地味　「其色赤黒相交リ其質中等、稲粱ニ適シ桑茶ニ可トナス」

飛地　御陵村内に田畑藪地約一町歩
字地　御所の内（村中央）・山田（北部）
川　安祥寺川、安朱村から来て御陵村へ入る、この間一丁、川幅二間。
戸数九戸、その民業はすべて雑業。

安朱村

もと山科郷に属す。村の北方を安祥寺、南方を朱雀といい、何時か合併して安朱村と改称。昔から天皇領であったが、江戸時代の寛文年間に毘沙門堂門跡領となる。明治維新後京都府管下になる。
地勢　東西北の三方に山があり、南方一帯はだいたい平坦である。村の中央を三条街道が貫通するため「運輸便ニシテ薪足リ炭乏シ」
地味「其色赤黒相交リ其の質中等、稍稲粱ニ適ス、桑茶ニ可ナラズ」、水利はよいが水源が浅く「時々旱ヲ患フ」。
字地　東ノ街道（村東）・中溝・中小路（中央）・桟敷（西）・堂ノ後・奥ノ田（北）
山　東谷山、村の東北にあり、樹木疎生、そこから渓流があり、安祥寺川に入る。
川　安祥寺川　東谷山の水を集め、字奥ノ田で一つになり、西南に流れて長さ六丁で上野村に入る。幅二間。「平時水少シ、霖雨ノ際暴漲ス」。
　中溝　字奥ノ田から出て竹鼻村で四宮川に入る。長さ六町・幅二間、田の用水。他に、一六間に二〇間、一〇間に五間、三間に五間の溜池がある。
森林　毘沙門堂林　官有、反別約三八町、松などが生えている。
道路　三条街道　一等道路、上野村と四宮村の間、長さ三町・幅三間半。字東ノ街道で分かれ、北に折れて出雲寺（毘沙門堂）に通ずる支道がある。
堤塘　安祥寺川堤　長さ三町・馬踏一間・堤敷不明。
陵墓　公弁・公遵親王墓　後西院の皇子、出雲寺境内にあり、墓上に五輪塔がある。
五等郵便局が字桟敷にある。
戸数八七戸、その民業は農一〇戸・雑業七七戸である。

厨子奥村

昔から山科郷に属し、分合・変称はない。
地勢　土地は平坦で、四方に山岳・丘陵はない。渋谷街道が村の中央を通っている。そのため「運輸極メテ便ナルモ、柴薪ニ乏シ」。
地味「其色黒ク砂礫ヲ交ユ、其質中等、稲禾ニ可ニシテ桑茶ニ適セス。水利不便ニシテ時々旱ニ苦シム」
字地　若林（村南部）・尾上（南）・矢倉（北部）苗代元（西部）・長通（西北）・花鳥（西北）
飛地　北花山村内に田一一反余、御陵村内に田畑二反余、愛宕郡粟田口村に田畑二反余、日岡村・北花山村内に山林三一反余。
山　花鳥山　高さ約四〇丈、周囲一二町余、村の北方飛地内にある。満山小松が生えている。渓水が一筋、粟田口村へ入る。
川　安祥寺川　二等河川、北方御陵村から来て本村の西を通り、南方西野村に入る。長さ一丁三間余・幅一間五分、「平時流水ヲ見ス、霖雨ノ際暴漲シ堤防ヲ害スル事アリ」
堤塘　安祥寺堤　馬踏一間・堤敷四間、根固めの樹木が生えている。修繕費は官・民双方が負担。
道路　渋谷道　東の御陵村より西の西野村境まで長さ三丁余、幅二間。

戸数一九戸の民業は農一五戸・雑業四戸。

竹鼻村

古くから山科郷に属し、以来分合・変称はない。

地勢　土地は平坦で山は無い。村の東部一帯は四宮・音羽両村内に入り組んでいる。三条街道が村の北端を通っているので、「運輸便利ナレトモ薪炭ハ却テ乏シ」

地味　其色赤黒交リ其質中等、稲梁ニ適シ桑茶ニ可ナラス」

字地　西ノ口（村中央）・扇（東）・木ノ本（東）・立原（東）・外田（東北）・竹街道（北）・地蔵寺（西）・サイカシ（西南）・四町野（南）・堂ノ前（南）

山　燧谷山　高さ四五丈、南は小山村、北は近江国滋賀郡に懸かる、渓流は近江国へ流れる。

川　四宮川　村の東方四宮村境からきて村の東南方を斜めに流れ、西南方東野村へ流れる。その間の堤防は長さ五丁、馬踏一間・堤敷二間、根固めに木竹を植えている。

湖沼　外田池　東西一七間・南北八間、村の東北にある用水池。

道路　三条街道（一等道路）、村の東北方字外田から西南に折れ、西野村に通ずる支道がある。

戸数五四戸の民業は農四五戸・商業三戸・「労力」六戸である。

音羽村

地勢　土地は平坦で、村域は東西に長く、南北に短い。「運輸便ナレトモ薪炭乏シ」

地味　「其の色黒く其質肥饒、稲梁ニ適シ桑茶ニ宜シ、然レトモ水利甚タ不便、時ニ旱ニ困ム」

字地　野田・乙出・伊勢宿（村西部）、西林（西南）、稲芝・森廻（東部）、沢・役出・前出・前田・山等地・八

川　音羽川　二等河川、本村と小山村の山間から流れ出て、西南方向へ流れ、東野村に入る。幅三間余、「平時水少シ、霖雨ノ際ニ暴漲シテ害スル事アリ」
十禅寺川　北方四宮村より来て、南方東野村に入る。幅二間・深さ六尺。
梶川　東方藤尾村より来て、西方十禅寺川に入る。幅三尺・深さ六尺。
十禅寺橋　村往還に懸かる、土造。
音羽川橋　六地蔵街道に懸かる、深さ五尺・横長一丈・幅三尺、土造。
音羽川堤　堤敷二間、樹木・竹で根固め、修繕費官民双方負担。
湖沼　新池　東西二一間・南北四三間、村の西北方にあり。
　珍事池　東西四〇間・南北二八間、村の北方にあり。
野田池　東西二四間・南北二五間、村の西方にあり。
　いずれも村の用水池である。
道路　六地蔵街道　一等道路、幅三間半。
　字稲芝から西折し竹鼻村へ、字珍事で北折し藤尾村へ通ずる支道がある。
森林　森廻森　官林、広さ三反余、松や雑木が生える。
古跡　観音寺址　村の中央、若宮八幡宮境内にあり、明治三年に廃して同村光照寺に合併。
戸数八五戸の民業は農業八〇戸・雑業五戸、女性が製茶に従事する戸四〇。

椥辻村

昔、大塚・大宅両村と同一村であったが、いつか分離。村内に椥木の大木があって四方から望んで村のあることがわかった。そこで特に椥の字を作って村名としたという。
地勢　東に大宅山がそびえ、西に山科川が流れる。「土地平坦ニシテ運輸便利、薪炭乏シカラス」
地味　其色黒、其の質中等、稲梁ニ宜シク桑茶ニ可ナリ、水利便ナリ」
字地　開地畠（村東北部）・草街道（南部）・西浦（北部）・封じ川・平田（西部）・潰し（西南部）
山　東山　高さ一四〇丈、村の東部にあり、樹木は希少。
川　山科川　二等河川、深い所一丈・浅い所九尺、広さ一丈八尺、「清ニシテ急」。
封じ川　深い所四尺・浅い所三尺、広さ一間足らず、勧修寺村へ入る。
山科川堤　馬踏三間・堤敷五間・根固めの竹木茂生・修繕費官費。
封じ川堤　馬踏一間。
高橋　山科川を越える京都往還に懸かる、長さ三間半・幅五尺・土造、東野村に通じる。
封じ川橋　封じ川を越える京都往還に懸かる、長さ三間・幅五尺五寸・石造。
道路　京都道　村道、大宅村境から本村を通り、東野村に至る、幅一間四分。本村中央より左右に折れ東野村に通ずる支道がある。
戸数四六戸の民業は農三九戸・「労力者」七戸である。

西野村

もと東野村と一村で山科郷に属し、延長年中に分かれ、本村は西部にあるので西野と称する。
地勢　四境とも田に接し、東側は十禅寺川、西側は安祥寺川が流れる。「土地平坦、便利ナレトモ薪炭乏シ」
地味　「其色肥瘦錯雑ス、其質中等以上ニ居ル、稲禾及び茶ニ適ス、水利不便ニシテ干害多シ」
字地　八幡田・岸ノ下（北部）、椋本・櫃川（西部）、大鳥居・小柳・左義長（南部）・離宮・阿芸澤（東部）、後

藤（西南）、様子見（東北）、広見（中央）

川　十禅寺川　村の東北方の音羽・竹鼻の間から来て、本村の東側を流れ、東南方東野村へ入り、山科川となる。「平時水少シ、霖雨ノ際暴騰シ、堤防ヲ害スル事アリ」

安祥寺川　北方厨子奥村から来て、東野村西野村間に入る。「平時水少シ、霖雨ノ際暴漲ス」

安祥寺橋　渋谷道に懸かる、長さ一丈二尺、幅一間余、石造。

十禅寺川堤　長さ六丁二〇間、馬踏三尺・堤敷二間、根固めに小竹を植えてある。

安祥寺堤　長さ一三丁、馬踏五尺・堤敷五間、根固めの樹木茂生。

湖沼　東西三〇間・南北四〇間・周囲七丁、村の用水池。

古跡　海老名遠江守信忠の城跡、東西八町・南北一二町、古老曰く、信忠は足利氏の家臣、いつの頃かこの地に城を作ると。

陵墓　僧蓮如の墓、字大手先にあり、墓上ただ老樹数株あり。

戸数七六戸の民業は農業六戸・雑業七〇戸。

東野村

往古原野であったが、白雉年中に開墾、延暦年中戸口増加、野村と称した。延長年中に二分し東野となる。

地勢　全域が平坦で、村中央を山科川が通り、人家は川の東に散在する。「運輸稍便、薪炭乏シカラス」

地味　「其色赤ク其ノ質下等、瘦地多シ、稲梁ニ適セス、茶ハ稍適ス、水利略便ナリ」

字地　井上（東部）・八反田（南部）・百拍子（東南）・門口・片下（中央）・狐藪・舞台・八代・竹田（西部）・森野（西南）

川　山科川　深さ二尺・浅い所一尺・幅二間

音羽川　深さ二尺・浅い所一尺、大塚村から来て本村狐塚で山科川に入る。「清ニシテ急」
三才川　深さ一尺・浅い所五寸、西野村より来て西野山村へ出る。幅二間・「清ニシテ急」
山科川堤　馬踏四尺・堤敷二間五分・水門三か所・根固めの小竹生える。官費修繕。
音羽川堤　馬踏四尺・堤敷二間五分・根固めの小竹生え。
三才川堤　馬踏二尺・堤敷二間五分・根固めの小竹生え。
十禅寺橋　京往還に懸かる・長さ二間三尺・幅五尺・木製。
小北橋　村往還に懸かる・長さ二間三尺・幅三尺・土造、西野村に通ずる。
三ノ宮橋　村往還に懸かる・長さ二間五尺・幅四尺・土造、勧修寺村に通ずる。
森林　八反田林　官林、二町歩弱と一・六町歩強の二か所、竹や松が少々あり。
道路　京都道　村道・椥辻から西野へ、幅二間五分。
　御輿道　村道・栗栖野から来て椥辻へ、幅一間五分。
　妙見道　村道・大塚から来て音羽へ、幅二間五分。
学校　人民共立小学校　村の北にあり、男生徒一六六人、女生徒一〇二人。
古跡　山階寺址　東西五五間・南北六五間、村南方にあり。
　空也寺址　東西三五間・南北四一間・村中央にあり。
　示現寺　東西一五間・南北二〇間・村の西方、天台宗延暦寺末寺、五〇年前廃絶。
　浄光寺　東西一〇間・南北一五間・村の西方、天台宗延暦寺末寺、五〇年前廃絶。
　白河寺　東西二五間・南北三間・村中央にあり、宝暦年中開基、明治七年北花山の花山寺へ合併
戸数五三戸の民業は農業六五戸・商業二〇戸（数値があわないが史料のまま）

『村誌』の記載事項を要約して紹介した。地勢・地味はなるべく原文を引用するようにしたが、そこからおのずから山科郷の特色が浮かび上がってくる。近江国境の山を背負った村々や東山丘陵沿いの村々と、山の記述の無い盆地中央の村々の違いが明らかである。

山々から流れ出た渓流が合流しながら、最終的に山科川となって盆地を出ていく様相も明らかである。盆地を取り巻く山々も峩々たる高山ではなく、民業の中に若干の採薪業や猟業を存在させているいわゆる里山的な山であることがわかる。また、川は引用から明らかなように平常は水が少なく、したがって用水としての機能が劣る。一方で長雨の際には洪水・破堤をひきおこす。盆地特有の現象といえよう。

盆地には三条街道・六地蔵街道・渋谷街道やその他の村道が走り、そのため「運輸」不便・やや不便とする村は五カ村にとどまり、多くが極めて便や便利としている。「薪炭」についても「薪」については大半が足りているとしており、不足・乏しいは七カ村にすぎない。一方、「炭」は逆に不足が一五カ村で、足りているとする村は七カ村にとどまる。充足・不足の判断基準はわからないが、山にかこまれていても炭焼きはなかった地域といえよう。

地味はほぼ全村で共通していて、赤・黒が混じる土壌である。その質は、府の調査に対する答えであることを前提として、上等（肥沃）三か村、中等一一カ村、下等四カ村、答えない村四である。また、稲作に可・宜・適とする村一八、不可の村四である。水利については不便一一カ村、便・やや便八カ村、不答三であるが、干害は一五カ村が訴えている。用水不足とそれに伴う旱魃の害が山科郷の農業をもっとも苦しめていたことがわかる。

近世以来の農業生産をめぐる条件はこの段階まで基本的には変化していないといえる。それでは農業生産の基盤である農地の状況は地租改正によってどのようになったか。

『村誌』は地租改正後の田畑その他の面積を「税地」として掲げ、その地租額と地租の三％の「口米金」（村入用）および山・野税、国税、府税を記録している。ただし、田畑以外は若干の新田・大縄地で、まだ山林原野の

畑)、地租と戸口．民業．物産

	物産					
牛	茄子	竹	茶	その他		
33	90貫	120束				
			500斤	算盤２千挺	針２千疋	紡小車50万個
				算盤２千挺	針２千疋	
27		550竿	4600斤	筍4950貫	薪16890貫	
20	615貫	6500本	1500斤	菜種6.5石		
	1030貫	1.25万本	2500斤	菜種7.5石		
			350斤	柿2000駄		
2	100斤	120束				
4		1680束	1900斤			
10		１万80本	7500斤	菜種7.2石		
6	20荷		470貫			
16	4500貫	160駄	250貫	石粉1300貫	砥の粉2.5万貫	
10			１万75斤	菜種50石	砥の粉２万貫	
9	150荷	3600束	125斤	菜種10石	大根2000貫	筍3500貫
	20貫					
27	100荷			松茸30貫		
2	50荷	300束	500斤			
28	500貫	400束	120貫	越瓜100貫		
28		１万本	1000斤			
8	1000貫	6300本	1900斤	菜種3.8石		
3			250斤			
28	200荷	800束	10貫			
10		500束	2.5万斤	瓦2.5万枚	薪300貫	

改租を反映していないからきわめて微細である。また山・野税は限られた村の極くわずかな金額であり、舟や車、諸営業などへの課税とみられる国・府税も同様である。そこで税地面積と地租金額を対象としてみていこう（表13）。

　税地一反当たりの地租金額を算出すると、いくつかのグループに分けられる。反あたり四円を超えるのは小山村の四・〇二四円のみである。続いて三・五〜三・七円は音羽・安朱・四宮、三・四五〜三・四九円が御陵・厨子奥・西野、三・〇〜

表13　山科郷各村の税地（田.

村名	税地	そのうち 田	畑	地租	戸口		民業 農	雑業	その他
	反畝 歩			円 銭厘	戸	人	戸	戸	戸
四宮	214.6.15	184.3.04	25.2.09	754.98.0	64	153	43	20	1
髭茶屋	24.6.12		24.6.12	39.71.8	13	46	0	8	7
八軒	3.1.15		3.1.15	9.55.3	12	50	0	8	5
小山	193.7.21	159.0.28	19.1.20	779.76.9	80	397	63		17
大塚	221.9.26	142.2.17	79.7.09	552.07.0	64	288	35	23	6
大宅	528.7.04	301.9.03	202.5.21	1678.45.2	85	412	60		21
小野	208.6.24	124.8.06	83.8.18	608.15.6	63	258	35		16
日岡	132.7.34	112.0.11	20.1.06	302.97.3	58	159	0	58	
上花山	135.2.04	97.9.16	31.2.26	416.20.6	25	110	20	3	
北花山	237.1.23	122.5.00	141.1.23	677.73.9	40	229	20	19	1
川田	235.1.22	152.1.00	77.0.10	522.90.1	61	255	15	46	
西野山	671.7.05	482.6.06	184.0.29	1839.42.8	69	352	49		20
勧修寺	814.3.18	630.7.03	183.0.27	2537.89.0	107	475	106		1
御陵	467.3.22	356.5.29	183.1.21	1633.01.3	100	522	75	25	
上野	31.8.20	28.9.20	2.900	88.34.2	9	58	0	9	
安朱	192.9.01	143.9.05	31.4.27	682.01.0	87	396	10	77	
厨子奥	82.4.24	38.5.08	43.9.16	287.67.1	19	114	15	4	
竹鼻	288.1.12	147.9.13	140.1.29	901.62.6	54	256	45		9
音羽	395.8.00	302.7.02	92.9.29	1461.95.4	85	390	80	5	
椥辻	258.9.03	167.9.04	90.9.29	601.77.9	46	256	39		7
栗栖野	15.5.18	0	15.5.18	34.05.4	15	90	11	2	2
西野	516.5.28	351.0.00	165.5.28	1782.87.9	76	365	6	70	
東野	558.8.24	157.2.06	376.6.28	845.22.3	53	250	65		20

注1　明治14年各村『村誌』による。
注2　民業のその他は傭・労力・採薪・商・工など、判明分はいずれも少数である。

三・一七円が大宅・竹鼻・上野・上花山・八軒、二・七〜二・九円が小野・勧修寺・西野山、一・四〜一・六円が東野・髭茶屋である。各村の村位が何等にされたかは未見であるが、地位はここに記載した順に位置づけられたと考えられる。

反当り地租が最上位の小山村は土質こそ中等としているが、稲・茶ともに可・適、水利はやや便であり、「旱ニ苦シム」「旱ヲ患ウ」という記述のない数少ない村の一つである。続く音羽・安朱・四宮は『村誌』の記載こそさまざまであるが、盆地北部の比較的水利に恵まれた地域といえよう。

次に戸数と地租金の関係をみよう。一戸当たりの地租金額は西野山村の二六円余が突出し、勧修寺村の二三円余がそれに次ぐ。さらに一五〜二〇円が九カ村、一〇〜一五円が二カ村、一〇円以下が九カ村である。この状況を総戸数の中の農業と雑業などとの関係の反映とみて、民業上の農業の戸数一戸当たりでみると、まず農のいなかった髭茶屋・八軒のほかに日岡・上野も住人すべて雑業ということでゼロである。一方、戸数四〇のうち二〇戸までが雑業などである北花山が四六円余、同じく六九戸中二〇戸が雑業などの西野山村が三七円余である。両村を筆頭に多くの村の農業戸が平均一五〜二〇円の地租を負担することになったことがわかる。

それでは税地は改租前とどのように変化したのか。税地のうち田畑・宅地については実地丈量によってほぼ確定したと考えられる。収穫米とその地位等級をめぐって変動した大宅村でも、明治九年時点では旧高六三一石三九五合の反別五〇四反四畝二四歩を改正反別九一五反六畝四歩（うち田畑宅地六二一反九畝二五歩）として対応している。ただし、同村の明治一一年六月の「村限取調書」によれば改正税地は七〇〇反九畝二〇歩（うち田畑宅地四五八反三畝二七歩）になっているから、面積についても単純に決定されたわけではないことがわかる。

面積確定についての問題は旧反別の構成にある。取調書によれば旧「税地」の内訳は田二六八反二畝一五歩、畑一五一反四畝一五歩のほかに、『田　川成村弁」三一反九畝五歩、「田起返悪地」一反一畝二九歩、「無地村弁」五〇反八畝六歩、「大縄畑」二四反二畝一〇歩が入っている。川成、起返とも状況次第では面積は変化する可能性がある。また無地は年貢は負担しているが対応する土地はない、したがって村として負担するという土地である。これまた状況によって変化するであろう。先に明治六年六月から年貢（貢租）の賦課対象が石高から反別へ変化していくことを確かめたが、そこでの地租改正前の反別すなわち旧反別はいつの時点でのものかを村ごとに確定することは現在のところ困難である。

以上のような問題点を含むが、現在のところ多くの村の旧反別が判明する史料は前に見た『宇治郡明細誌』である。大宅村取調書記載の旧田畑面積は明細誌の田畑面積と一致している。同誌が面積を記載していない村は除かざるをえないが、明細誌と村誌の数値を比較してみよう。

まず両者の面積が一致する村は上野・厨子奥・日岡・小野の四カ村である。畑のみの八軒町も一致している。次に新税地が旧田畑面積より一～三％増加した村は四宮・川田・西野山・勧修寺・西野の五カ村である。さらに一〇～一二％増が大宅・北花山・安朱・竹鼻の四カ村である。なお御陵と髭茶屋は二、三倍の数値を示すが、おそらく旧反別の数値が疑問である。一方、新税地不明の大塚や旧反別不明の村が五カ村ある。

以上から山科郷としては増歩（面積増）の傾向が強かったとみることができよう。それでは旧年貢より新地租は増加したのであろうか。この点の確認は旧年貢を円に代金化した史料を見出せないと困難である。先に地租の一反当たり金額を村ごとに比較したが、それは反当り地租の上下を示すが、貢租（年貢や地租）の増減を示すものではない。大宅村が若干の減租となったことをみたが、さらに多くの村で確かめなければならないであろう。無地弁高への賦課の解消などは減租の要因となったと考えられるが、それが増歩による負担増を打ち消すほどであったかどうかはわからない。

改めて新旧の対比ができる大宅、西野山村の「村限取調書」をまとめておこう。

大宅村の旧反別は先述のように、「田川成村弁」・「田起返悪地」・「無地村弁」・「大縄畑」を含む五二七反八畝二五歩、この貢租は三二二石六九六合（代金一六七八円四五銭二厘）であった。この貢租（年貢）は三二二石六九六合、「口米」九石六八一合計三三二石三七七合、この代金一七二八円八〇銭六厘であった。

これが改租の結果、田二八町八反四歩、畑一三町七反九畝六歩、宅地三二町四畝一七歩、藪地一八町二反七畝二八歩、林地五町九反二畝二五歩計七〇町四畝二〇歩に整理・確定した。

地租は地価の百分の三で一〇一一円七三銭九厘、百分の二ケ半で八四三円一一銭五厘である。ここから大宅村の地価が三万三七二四円六三銭余であることがわかる。改めて大宅村における地租改正が増歩（面積増）・減租

（租税減）であったことがわかる。

西野山村の税地は田が六町二反九畝一〇歩の「悪地取下」・二反一畝の「屋敷定成」を含む四八町二反三畝八歩、畑は五反六歩の「無地村弁」・三町八反九畝□□（虫食い）歩を含む一八町三反八畝二三歩、「大縄畑」五反の合計六七町一反二畝一歩であった。この貢租は米三五三石六七六合、この代金は一八三九円四二銭八厘であった。

これが以下のようになる。

改正税地　田三八町九反一畝二〇歩、畑八町八反一畝一七歩、宅地二町八反二畝六歩
　藪六町九反三畝二二歩、林五町三反二畝歩、秣場一町一反五畝二七歩
　社地六反三畝一九歩、寺地一反八畝一〇歩　総計六四町七反九畝一歩

貢租　一一四一円一二銭五厘　地価百分ノ三
　九五〇円九三銭八厘　地価百分ノ弐ケ半

（地価　三万八〇三七円五〇銭九厘）

西野山村は地租改正により税地面積が六七町余から六四町余へ減歩し、租税も約一八四〇円から約一一四〇円余（当面は九五〇円余）に減租したことがわかる。

地租改正が村によって様々な結果となっていることを確かめたが、それでは改正税地に賦課された地租はどのように納入されたか。

西野山村の明治一二年分「地租金割賦幷受取帳」によれば、税地は田八七〇筆・畑一四七筆・宅地六一筆・藪七七筆・林六六筆・秣場三筆・社地二筆・寺地四筆合計一二三〇筆である。

この地価は田三万一〇四四円七六銭七厘・畑二八二一円七銭七厘・宅地一五六七円七三銭五厘・藪一六〇八円一一銭四厘・林四〇八円六八銭七厘・秣場八円二九銭六厘・社地四六六円七七銭六厘・寺地一〇二円五銭七厘で

合計三万八〇三七円五〇銭九厘であるから、地租はその二・五％で九五〇円九三銭八厘である。

これを六期に分けて、前半の三期は畠地租を中心に一七四円八〇銭八厘を、明治一二年八月から年末までに、後半の三期は田地租を中心に一一七六円一一銭九厘を、明治一三年一月から四月までの間に徴収した。

徴収額合計は一三五〇円九二銭七厘で、地租額より約四〇〇円多い。これは地租の徴収に合せていわゆる村費も集めたからである。村費はまず寺院に関係する村弁分と、「川田村へ出作地四六筆の分」の地租で、これは村弁とする村極めがあったようである。次は担当者が決まっている村共有地分で、「弓田」・四つの「座」・四つの「イセコ（伊勢講）」や寺院分である。この構造は江戸期の村入用徴収が年貢徴収とともに行われていたことと同じである。

それでは村民各自の負担状況はどうであったかを見よう。田畠別に六期ごとに記載されている合計金額で区分すると、村民か他村民かの区分がやや不確定であるが七八戸が確かめられる。一〇三円の一戸が突出して大きく、その半分以下の四〇円台が二戸、三〇円台が二戸、二一～二二円台が四戸、一五～二〇円台五戸、一〇～一五円台一三戸、五～一〇円台二一戸、一～五円台九戸、一円以下二一戸計七八戸となる。

これを前出の幕末期（嘉永七年）の状況と比較すると、次のようなことがわかる。まず、嘉永五年に所持三六石余で最上位であった一戸がその後さらに土地集積を進めてその地位を確かにしている。それに次ぐ二〇～二五石台は三戸、一五～二〇石台は四戸であったが、明治一二年の地租一〇～二五円層は八名で、系譜的な関係は別として、少数の上層部の存在という構造は変わっていない。また嘉永五年の自作・自営層の中核とみられる五～一五石層は二八名であったが、明治一二年には一〇～二〇円層一七名、五～一〇円層二一名でやや下層の比重を増大させながらも対応しているといえる。一方、嘉永五年の一～五石層七名と一石以下層三名の一〇名、これに無高層六戸を加えた一六戸が同年の下層を形成していたが、明治一二年はかなり様相を変えている。一～五円層六名・五〇銭～一円層五名で、地租五〇銭以下層一六名と較べてかなり薄い。下層が二分化し、最下層が増大しているといえよう。その大半が畑のみ所有、しかもきわめて零細な所有である。幕末期より戸数が増えているが、その多くは零細な畑所有者の増であったといえよう。

もとより地租納入額は一つの目安であって、これですべてが決まるものではないが、農業が圧倒的な比重を占めている段階では、地租をいくら納めているか、すなわち土地をどの位持っているかは主要な目安であろう。問題は村の史料が戸数を七一（明治五年「戸籍総件」）、あるいは明治一一年六二（「村限取調帳」）さらに明治一四年『村誌』が六九戸としているのに、納入者が七八名も出てくることである。その差は基本的には他村居住者であろうと推定されるがはっきりしない。

地租をめぐる状況をみてきたが、さらに各種の物産についてみていこう（表13）。『村誌』に記載されている物産は一七種にのぼるが、特定の集落に限定されて記載されている物産と広く郷内で産出される物産に大別される。前者では江戸時代以来の由来を持つ髭茶屋、八軒町の算盤・針・紡小車、原料が村内に存在する西野山、勧修寺村の硅石・砥の粉、東野村の瓦があげられる。小野村の柿・小山村の筍は産出量が多いということで単独で取り上げられているが両村だけが産出するということではないであろう。後者は茄子（一三カ村）・竹（一四カ村）・茶（一六カ村）菜種（六カ村）・松茸（四カ村）・大根（三カ村）である。いずれも他の村々でも産出していたであろう。小山村・東野村の薪も産出量の多さに注目したのであろう。

山科郷の野菜生産を代表する茄子は生産量の表示が貫と荷にわかれている。貫表示では西野山村四五〇〇貫、大宅村一〇三〇貫、椥辻村一〇〇〇貫が上位で、以下大塚・竹鼻・日岡・四宮・上野と続く。荷表示では西野村二〇〇荷・御陵村一五〇荷・安朱一〇〇荷が大きく厨子奥・川田と続く。

竹もまた本と束に分かれるが、大宅村一万二五〇〇本・音羽村一万本・大塚村六五〇〇本・椥辻村六三〇〇本・御陵村三五〇〇本が大きい。束では北花山村及び上花山村一六八〇束・西野村八〇〇束・小山村五五〇束・東野村五〇〇束・竹鼻四〇〇・厨子奥三〇〇と続く。

茶はすでに宇治郡を代表する物産としてみてきたが、『村誌』でも全郷的な物産としてほぼ全村であげられている。表示は斤と貫である。斤表示では東野二万五〇〇〇斤、勧修寺一万七五斤、小山四六〇〇斤、大宅二五〇〇斤、北花山・上花山・椥辻一九〇〇斤、大塚一五〇〇斤、厨子奥・髭茶屋五〇〇斤、栗栖野二五〇斤と続く。貫表示では川田四七〇貫、小野三五〇貫、西野山二五〇貫、竹鼻一二〇貫、西野一〇貫である。

菜種は勧修寺の五〇石が突出して多く、御陵一〇石、大宅七・五石、北花山七・二石、大塚六・五石、椥辻三・八石と続く。

明治一〇年代半ばの物産産出状況をみてきた。いずれも「京へ輸送ス」とする村が多いが、商品生産の性格を強めていると考えられる。例えば明治九年五月に製茶用の茶芽が村内で売買されている事実を確かめることができる（市史資料編山科区編所収川田村史料五二）。どのくらいの量かはわからないが二八〇円分の茶芽を「此方へ引取茶製被致候ニ付、依頼ニ相まけ申候」として二六七円と五銭を受け取っている。自家製の茶芽を村内の茶製造者に頼まれて割引販売したということであろう。先に西野山村における茶栽培の拡がりを見たが、さらに各村での製茶の状況、茶流通の実態などを明らかにしたいものである。

地租改正後の税地の変化とともに、各村の状況をみてきたが、明治初期と比較してどのような変化が確かめられるか。

第一に、戸数及び人口は明らかに増加した。戸数は小規模村などで横バイであるが、それ以外のほとんどの村で増加している。明治四年と同一四年を比較して、一〇～三〇%増六カ村（四宮・御陵・東野・西野・川田・北花山）、三一～五〇%増六カ村（安朱・音羽・椥辻・西野山・小野・勧修寺）、五一～九〇%増四カ村（大宅・大塚・小山・竹鼻・上花山）である。先に戸口関係の数値が史料によって変動することを指摘したが、率は別として増加したことは確実である。戸数増を反映して人口もまた増加している。

右の動向が住民のあり方にどのように反映しているかは、さらに検討しなければならないが、先に見たように、

表14-1　明治10年代後半の農産物

郡	明治14年米			明治22年米		明治14年茶	明治22年茶		
	面積（反）	収量（石）	農家数	面積	収量	収量	面積	収量	製茶家
愛宕	10758	20766	戸 2878	14407	23354	斤 53681	610	貫 7724	戸 320
葛野	13043	22800	4686	19531	30649	73908	1832	47029	308
乙訓	14330	31306	3480	21101	24972	70162	1244	8696	420
紀伊	13084	27202	3486	17303	9789	139668	1199	18827	590
宇治	6896	13689	1584	9695	13008	163854	3688	37761	1130
久世	12327	25399	3200	16523	12187	346529	4397	62902	1621
綴喜	20995	36209	9038	29371	40232	339987	6706	162403	2582
相楽	23105	38727	6511	30152	49041	540754	4935	70467	3581

注　明治14年の茶栽培面積は不明。各年の「京都府統計表」による。

小規模ないし零細規模農家の増及び「雑業」の増加であろうと推定される。

第二は、牛の飼育頭数の増加である。不記載の村もあるが、判明する限りで明治四年一九カ村二五三頭から同一四年には一八カ村二七一頭が確かめられる。

牛の増加は犂耕の普及を反映しているとみられる。「京の田舎民具資料館」などで、おそらく明治末期以降に使用されていたとみられる各種農機具を見ることができるが、例えば自然木のカーブを利用した鉄製刃先のついた長床あるいは短床の犂をみると、それを使いこなす技量の修得はどのようになされていたかを考えさせる。

それはともかく、耕起・除草・刈取・脱穀・調整などに使われた各種農機具は郷内で生産されていたのであろうか。先に鍬・鎌・鋤が村内の「工」により製作されたのではないかと推定したが、「工」は明治一四年には小山（一戸）、大塚（二）、大宅（一）、栗栖野（二）、西野山（二）しか確認できない。これで郷内の需要に応え得たかどうかは俄に判断はできないが、少なくとも鉄製農具のメンテナンスに対応する職種として存在していたことは確実であろう。

推定を交えながら明治一〇年代前半の状況を見てきた。後半に入り、「明治一四年の政変」以降のいわゆる松方デフレにより様相の変化があったといわれるが、山科郷内ではどうであったか。

現在のところ関連する史料を見出していないが、史料のあり方の変化も大きい。村から報告された諸事項の数値がいわゆる府統計書に集約されているが、年次によって統計項目が変化したり、数量の単位が異なったりしている。何よりも郡別に集約されていて、個別の村や郷の状況を直接に知ることができない。例えば、宇治郡内における水田の反当地価最高は音羽村の七四円八銭五厘、畑は勧修寺村の三二円一九銭六厘、宅地は髪茶屋町の六五円三四銭である（明治二一年府統計書）ことがわかるが、同郡戸数二五七六戸・人員一三五五八人のうちの山科郷各村の数値は分からない。

しかし、明治一〇年代後半に入っても全体の状況は、京都市中は別として、郡部では大きな変化は見せないといえる。住民の大半が本籍地にそのまま住んでおり、その多くが農民であった。

彼らの営む農業の様相を主要農産物である米と、宇治郡を代表する特有農産物である茶で見よう（表14-1）。

参考までに明治一四年の数値もあげたが、山科村の成立した明治二二年にはともに大きく増大していることがわかる。山城国八郡中、宇治郡は最も小規模郡であるが、明治二二年には第五位の収量をあげており、製茶家も同様である。これは宇治郡の北半分を占める山科郷の姿でもあったのではなかろうか。

ただし、その内容にも注目しておく必要がある（表14-2）。農地が

表14-2　明治22年の農地と農民

郡	自作地	小作地	自作農	自小作農	小作農
愛宕	町反 1166.0	631.2	人 4980	人 4894	人 2200
葛野	1284.0	1508.0	4476	4648	5980
乙訓	1136.2	1555.2	2704	4236	5638
紀伊	1244.1	1294.2	2605	3173	4367
宇治	979.5	568.2	2306	5075	1394
久世	1345.0	1394.2	5864	4241	4140
綴喜	2148.4	2454.9	8223	14907	7576
相楽	2792.0	2073.4	10433	10580	9758

自作地と小作地に区分され、生産者も自作・自小作・小作になっている。農業生産が自分の土地で、自分が生産することとは限らない状況の存在が明らかである。この点はすでに江戸期にも指摘してきた。地主を含む自作と小作の比率とその推移が明らかでないままで安易な推定は慎まなければならないが、農業生産を基盤とする山科郷について最も主要な検討課題であろう。

なお、明治二〇年代にはいれば各地に農談会が設立され、さかんに情報交換がおこなわれるようになる。その具体的な動向を山科郷の動きにあわせて明らかにすることは筆者の能力を超えるが、伝えられていることも多いのではなかろうか。

（四）近代への歩み―東海道線の敷設と琵琶湖疏水の開通

以上のように山科郷の近代が郷内の動向と結びついて展開していく有様はなかなか明瞭には捉ええないのであるが、そのようなことにかかわりなく、近代はいわば外から郷内に入り込んでくる。代表は東海道線の敷設と琵琶湖疏水の開通である。本書は両事業の施行過程や歴史的意義の究明を志すものではないが、山科郷とかかわりあう限りで、事実を確かめておく必要があろう。

前章でみた地租改正過程は、郷惣頭であった比留田権藤太らをリーダーとする東山科村（現千葉市）開拓団が苦闘していた時期とかなりの程度重なり合う。現在のところ山科郷から遠く離れた、東山科という地名を現在に残している地域の開拓事業がどのように進められ、不運にも失敗に終わったかの過程については前著で触れた以上には出ていない。山科郷近代史の初頭における壮大な事業であるにもかかわらず、二〇名の土地払い下げを受けた人々や多分かれらの呼びかけに応じて移住し、開墾に努力したであろう郷士や平民の全体像が不明なままである。そのため地租改正とその後の状況に対応する地元山科郷との関係もわからない。開拓に失敗した結果、

『山科郷史』のいうように「遂には産を破り、家を廃し、空しく他郷に零落するもの」もあったであろう。しかしそれが「幾何《いくばく》なるを知らず」ということはなかったのではないか。失意のうちにあったであろうが、ふるさと山科で沈黙を守ったのではなかろうか。

山科の内側からの近代への対応がどのようであったかが曖昧なままであるが、上記のように外から入り込んでくる「近代」には対応しなければならない。鉄道の敷設も疏水の開通も直接関係する地域は限られているが、関連する地域は広範囲であったと考えられる。

まず東海道線の敷設からみていこう。いうまでもないことであるが、ここでいう東海道線とは大津から逢坂山トンネルを抜けて現在の山科駅に達し、さらに東山の下をくぐって京都駅に至るルートのことではない。琵琶湖疏水沿いの遊歩道から、盆地北部を横断して東山のトンネルに大きくカーブしながら入っていく現在の東海道線の高い堤防・線路敷をみると、大規模な工事であったことがわかるが、これは大正一〇（一九二一）年のことである。

はじめの東海道線大津―京都間は大津（現在の浜大津）から湖岸を馬場（現膳所）へ、そこからおりかえし、逢坂峠を越えたところに大谷駅を設け、さらに奈良街道などに沿って盆地東部を下ったところに山科駅、右折して東山丘陵を越えて稲荷駅へ、次いで現在のＪＲ奈良線と同じ路線で京都（七條）へというルートであった。このうち山科側の大半が現在では名神高速道路になっていることはご存知であろう。

「ふるさとの良さを活かしたまちづくりを進める会」（略称「ふるさとの会」）の「歴史街道・史跡巡り」部会編の『山科事典』によれば、小山一石畑に旧線路跡が道路（「小山・四宮線」）として残っていて、「往時の旧国鉄路線を考える上で貴重な場所」とされている。また、「大塚北溝町で名神高速道路から西側に離れ、妙見寺前を通り、大宅中小路町で再び名神高速道路に接している道路」も旧線路跡として紹介されている。

また『史料京都の歴史』一一、山科区編の月報一〇所収の徳林庵住職大澤陽典氏の記憶によれば、（鉄道線路敷跡は）「小山の堤防部分を過ぎて再び山すそを通る。音羽川の鉄橋あとは渡れない。ひょうたん池を左手に、ついで大塚の妙見を右手に見て、大宅の岩屋神社の参道は切り通しになっていた」、「大宅から勧修寺までの土盛部分は、あたかも山科を醍醐地区と区切るお土居のような存在におもえた」、（東海道線移転後）「軌道のあとはなかったが、電柱と電線は残されていた」とある。

上記の大津―京都間の鉄道工事は明治一一年八月二一日に着工された。当然のことながらいきなり工事が始まったわけではない。堤防や切り通しに線路を敷設し、電柱をたて電線をとおし、さらには川をまたぐ鉄橋をかける、最初はそのための土地買収として現れる。明治八年八月の「鉄道線路潰地取調小前帳」（沢野井家文書）をみよう。出てくる小字を見ていくと関係範囲が広がり、延びていったことがわかる。

北泉殿（田）―立原（藪・茶畑）―鳥井脇（藪）―正貞ケ瀬戸（藪）―中小路（屋敷）―下ノ街道（茶畑）―三桝海道（茶畑）―海道西（茶畑・藪）―海道東（屋敷）―与市瀬戸（茶畑・藪）―御所田（田）―山門殿（田）―小谷（木畑）

この順番に線路敷が延びていったかどうかはわからないが、潰れ地は茶畑や藪も多く、どんなところが対象になったかが想像できよう。また茶の栽培が盛んであったことや竹藪がひろがっていた情景が想像されよう。

「小前帳」には二三名の村民と一寺と「村中持」が出てくる。明治一四年の大宅村の戸数は八五戸である。このうちどれくらいが土地持ちであったかはわからないが、かなりの村民に関係する大きな出来事だったといえる。

「実地小前帳」には上記した場所順に土地所有者と地目・面積・「現畝」・潰れ地面積・代金が記入されている。まず面積と「現畝」との関係をみよう。

「実地測量簿」という小型の帳簿をみると一定の幅の線路敷が直線で引かれ、その中は数値を記入した大小の三角形で埋められている。地引帳上の一筆のうちどれくらいが線路敷内に懸かり、「潰れ地」（買収地）になるかはさまざまであったろうから、まず関係する土地（筆）の全体（「現畝」）を確かめたのであろう。

地租改正の実地測量と点検の結果である「一筆限り地引帳」記載の面積は田については「現畝」と大きな違いはないといえる。しかし茶畑や藪については「現畝」との違いが目立つケースが多い。そのため測量の結果であろう潰れ地面積が帳簿上の面積を上回る事例もある。「現畝」を確認しなければならなかった理由と考えられる。

それでは実際の潰れ地はどうか。関係件数は田や屋敷が三七件・茶畑一七件・藪一二件合計六六件である。面積は田・屋敷が一町八反五畝一一歩、茶畑が四反九畝六歩、藪が五反三畝一五歩合計二町八反八畝二歩である。平地を通そうとすればどうしても水田が多く関係したことがわかる。

関係者もわずか一件、田四歩（四坪）から一一件（田二反二畝一七歩・茶畑八畝二八歩・藪一反一〇歩計四反一畝二五歩）までの開きがある。その賠償金額も九三銭三厘から二四三円三四銭三厘におよんでいる。なお「小前帳」によれば賠償の基準は以下のようである。

水田……一反当たり七〇円・七五円・八〇円、茶畑……同上八〇円・一〇〇円、藪……同上四〇円・四五円。

この数値がどのように決まったのかはわからないが、それぞれに幅があるところに村側の要求が反映しているのかもしれない。

線路敷はさらに伸びていく。石影・岡並・早稲の内・神納あたりは田が多いが、甲之辻では田のほかに宅地や畑が入り始め、鳥井脇・中小路・古海道では畑・藪が多く、御所田で再び田が多くなる。大宅から勧修寺村方面にカーブしたからであろう。

明治一一年五月の「鉄道線路潰地反別地価取調帳」には「村中持」や講のほかに二五名（寺一を含む）が出てくる。そのうち二〇名は前出八年八月の「取調小前帳」にも出ている。新たに出てきた五名を含めると村の土地所有者のかなりの部分が関係しているとみたほうがいいかもしれない。

この帳面には潰れ地畑の場合は麦・茶木、藪地の場合は竹の補償額が記載されている。その金額は麦一円四八銭から麦・茶・竹合わせ一七二円余まで様々であるが、改めて茶畑と竹藪が広がっていた光景を確かめることができる。なお関係する「立茶竹麦作物」の代金は六五四円六六銭七厘、潰れ地は四町一反九畝一五歩、この代金は三一四三円八〇銭九厘であった。また『史料京都の歴史』山科区編にも山科駅用地買収にかんする史料が掲載されている（勧修寺村、史料五三）。それによれば小野村字蚊ヶ瀬第拾三番にあって「地坪百三拾坪中三拾六坪」、その地代金は三五円七五銭（坪当り二七銭五厘）であった。

敷設工事が始まってからの村や村人の動きはわからないが、工事が予定通りないし準備したとおりに進んだとはかぎらなかったことを思わせる史料が残されている。一例として明治一一年一二月一九日付の「御請書」を見よう。「鉄道線路増地ニ係ル御手当金」の受取であるが、茶園と茶木の植え替え代などが六名（手当額九四銭一厘〜六円三九銭八厘）、藪の竹など伐採費用が三名（一三銭一厘〜二円二五銭一厘）、さらに「雪隠取除代」一名・一円九七銭が出てくる。この小規模「増地」の場所と面積はわからないが、工事の進行に伴って沿線のあちこちで生じていたのではなかろうか。なおここの「雪隠」は畑か藪の端にあった肥料溜めであろう。「御手当金夫々御下ケ渡シ被成正ニ頂戴仕候ニ付連印ヲ以御請書奉差上候也」という請書の宛先は京都府知事槇村正直である。鉄道敷設がまさに国家的事業として村に現れていたことを示しているといえよう。

以上のようであるから大宅村における鉄道潰れ地が最終的にどれくらいになったかは確定しがたいが、明治一二年八月になってもまだ調査が行われ、「損耗金」の請求がなされている。「立木伐払茶園取調書」によれば電線柱の建設のために立木を切り払い、茶園を掘り起こした場所があった。その際は茶一株につき「生目壱ケ年分壱株ニ付弐百五十目見込み六年分合九貫目、壱貫目ニ付拾五銭」の積りでその三年分の損耗の補償を求めている。なお竹（真竹）は六寸〜一尺の一七八本（この束四六束四分、この駄一一駄六分）の代金は一五円八銭となっている。

明治一三年七月一四日京都—大津間の鉄道開業式がおこなわれている。盆地東部を南下し、稲荷にむけて盆地を横断した鉄道について、先に線路跡が道路になっている部分のあることを紹介したが、ほかにははるか後年の大正二（一九一二）年、途中の大塚に大塚信号所が設けられ、現在ではその遺構と伝えるレンガ積みをみるのみである。

開業当初の鉄道を山科の人々がどのようにみて、どのような感想をもったかはわからない。伝えられている開業初期の時刻表や運賃からみて、村人が日常的に利用したとは考えられないが、明治二一年の府統計書によれば、山科停車場の乗客は二万二二八五人、乗客収入一二八七円余に対し荷物収入は三二円余である。

試運転の時期かと考えられる明治一三年六月一日付の「嘆願書」を紹介しよう。蒸気機関車が踏切を通る際や障害物の危険を知らせる「一時蒸笛御発声」についてである。嘆願者が耕地を所有する字御所田のあたりは「基ヨリ涸水・堅土ニ御座候テ人耕難適」い所で、従来から牛をつかって耕してきた。本年も例年のように耕していたところ、「蒸笛大声ニテ一時驚愕彷徨致し……農具破損致し」たという。また「畜類ニ候ヘハ万一線路内ヘ踏込列車運転進行ノ妨害ニ相成候テハ実ニ奉恐入」るので、「蒸笛発声ハ五哩四十七鎖ヨリ四十鎖前後ニテ」鳴らしてもらいたいという嘆願である。

この警笛がどの程度の音響であるのか、また嘆願者が警笛についての知識をどこで知ったかはわからない。また嘆願書は控えで宛先を欠いているがいかにもありそうなことではなかったか。

明治一四年九月一四日に大宅村、小野村、勧修寺村の三か村が府に水害届を提出している。それによれば小野村字蚊ガ瀬で山科川の堤防が西側で三〇間ほど決壊し、鉄道堤防も二〇間ほど「潰流」し、そのため下流の水害が少なからずという訴えである。つづいて修復のための嘆願書が府に提出されている。それによれば堤防の決壊は、鉄道を通すため山科川の堤防を六尺ほど切り下げ、その土を線路用に使ったこと、また川底も六尺ほど掘り下げ、かつ川幅も六尺ほど広げたことにあると訴えている。山科盆地の出口付近を線路が横断することから生ずる問題であったといえよう。

東海道線については関係する地域も広く、語り継がれてきたことも多いと考えられるが、それらを史料にもとづき、事実として確認したいものである。そのことで鉄道敷設が山科郷に与えた意義や後のルート変更の影響も明らかにされるであろう。

つづいて琵琶湖疏水の開削・開通に移ろう。

琵琶湖疏水の問題は京都の近代化と大きくかかわり多方面と関係するだけに、『京都の歴史』第八巻でも一つの節をあてている。その他にも取り扱っている書物も多い。したがって琵琶湖疏水とはなにか、そのめざしたところはなにか、どのような工事が行われたか、その成果はなにか、どんな前史があるのか等についてはそれらに譲る。

琵琶湖からの水が山科郷北部の山麓地域のほぼ全部を通っているから山科の近代史にとって欠くことのできないテーマであることは改めて確認するまでもない。「ふるさとの会」でも「山科疎水・東コース、同西コース」と二回に分けて巡見を試みている。その成果は先に紹介した『山科事典』に「山科疏水に関する歴史年表」とともに載っている。

本書では山科と琵琶湖疏水とのかかわりを二点でとりあげたい。一つは滋賀県藤尾でトンネルを出た疏水は第二・三トンネルに入るまで山科地内を「山科運河」となって流れるが、その用地はどのようにして確保されたのか。一つは疏水の目的の一つでもあった山科盆地の用水問題とのかかわりである。

まず用地確保の点からみていこう。そもそも山科の、とくに関連地域の住民が疏水（工事）をどのようにみていたか。これについては関連する史料を見出していない。しかし、藤尾に現在も残る竪坑を人々が見物する絵が残されているから、三井寺の麓からトンネルの掘削が始まった噂は山科にも届いていたと考えられる。その後、第一トンネル出口から先のコースについて測量が行われ、おそらくその前に用地買い上げの動きが始まっていたであろう。この点については明治一九年四月二三日の「疏水工事……樹木伐採買上代価及手当料」（井上家文書）がある。四宮村を通る疏水関連の土地に生えている各種の樹木・果樹・茶・竹等の買上とその伐採費用、同手当を八人について調べている。最低は「柴」一六束の一六銭、最高は下記すべてにわたり八四五円九二銭二厘である。

まず果樹は柿・梅・栗・柚がある。次に材木等になる樹木では桐・松がある。孟宗竹も同様であろう。最後はもっとも関係者が多い茶である。それぞれに買上基準が記されている。

甘柿……「一年上り高平均一本ニ付」二円三〇銭、渋柿……同二円

梅、栗、柚……「平均」七五銭〜六〇銭

桐……一本平均八〇銭か六〇銭、松割木・柴……一束四銭、親竹……「上り高」四二銭

茶……一株に付二五銭

樹木は材木としてではなく、割木・柴の束であらわされている。疏水工事に必要な材木は専用の工場が山科にも置かれたが、ここの樹木は工事に使用されることはなかったようである。

疏水事業の「工事費収支精算」によれば支出のうち「土地買上」が明治一八年度二九五二六・四四二円、一九年度八九九〇・三〇二円である。上記もその一部であったのであろう。

「山科疏水」はさらに安朱・上野・御陵村地内をうねりながら通過している。それらの地域での用地確保についても確かめる必要があろう。それを通じて地域の人々の対応が判明するであろう。

なお、小森千賀子氏「琵琶湖疏水建設における石材搬入」(「車石・車道研究─車石の石材、疏水建設の石材」所収)によれば明治二二〜二三年に金子熊吉(宇治郡日岡村・御陵村)、磯田甚左衛門(御陵村)、四手井密頼(厨子奥村)、田中辰之助(厨子奥村)が工事現場への石材運搬に携わっている。どのような人々であったろうか。

トンネル工事はもとより地上の水路の工事も膨大な労働力を必要としたであろう。それを地元の山科に求めたのではないかと考えられるが、現在のところ具体的な事実をつかんでいない。土木工事担当の組名はわかるが、組が雇ったであろう人夫の出自と名前などは確かめられない。

用水の問題にうつろう。疏水工事は北部の山々から流れ出る渓流をせき止めることなく、疏水の下を暗渠で通したり、安祥寺川のようなかなりの幅になっていて暗渠で処理することが難しい場合は、川の上を水路橋で疏水が流れる工夫をしている。これは疏水の目的に通ずる姿勢であった。

疏水の「起工趣意書」其の二「田畑灌漑之事」によれば、「此地周囲ニ接スル耕地中愛宕葛野宇治紀伊ノ四郡ニシテ南宇治川ニ沿ヒ西桂川ニ拠ル田畑ヲ除クノ外ハ皆水利ノ乏シキニヨリ年々ノ収穫ヲ減耗スルヤ極メテ大ナリ本年ノ如キ稀有ノ旱魃ハ暫ク算外ニ措キ平常ヲ以テ統計スルニ四郡中旱損ニ罹ル処ノ反別千二百四十七町余アリ此収穫凡平均九千七百余石ヨリ現収スル能ハス若シ之レニ用水ヲ疎通シ灌漑ヲ充分ナラシメハ普通良田トナリ二万五千九百余石ヲ得ヘク此増穫一万六千二百余石ヲ仮リニ一石六円ト見積ルトキハ年々九万七千余円ヲ得ルニ至ルヘシ」という。

読点も打たず原文のまま引用したが、京都周辺で一二四七町歩余が旱魃の被害を受け、米九七〇〇余石を収穫出来なくなっている。もし疎水を通し灌漑を十分にすれば良田となり、米二五九〇〇余石（九七〇〇〇余円）を得るであろう、という。

趣意書のあげる数値の確度は別として、山科郷が疏水の水を求めていたことは確かである。用水の確保に努力を重ね、それでもなお旱魃に苦しんできたことはこれまでたびたび指摘してきた。疏水が計画され、実際に工事が始まるにつれて、疏水路から水を引いて盆地末端部まで通水する用水路の建設の要望も膨らんでいったと考えられる。

疏水からの排水による周辺の小規模な灌漑は別として、広範な地域を潤す用水については、盆地東部を潤す「音羽水路」と、西部を流れる「北花山水路」が代表である。いずれもその竣工を記念した石碑が建立されている。

「北花山水路紀念碑」には山科村村長柳田謙三および「水利委員」九名（長谷川久左ヱ門、長沢権右ヱ門、松井繁之丞、前田久左ヱ門、桝田磯吉、柳生藤次郎、田中一郎、遠藤繁三郎、篠田平四郎）の名前が出てくる。明治二四年七月から工事を始め、一年五か月後に竣工するまでに約一万五千人を動員したという。また「音羽水路碑」は六名（長谷川伊之助、中山安次郎、福井清左ヱ門、粟津太兵衛、林平治、平井友右ヱ門）の名前をあげ、明治二五年七月一五日に着工、翌年竣工、この間役夫三二〇〇という数字を掲げている。いずれも山科の近代を見ていくにあたって欠かすことのできない事業であるが、山科村時代のその実態を究明することは筆者の能力を超えている。現在のところは記念碑のいうところを紹介するにとどめざるを得ない。両用水について語り継がれてきたことが多くあるのではなかろうか。

おわりに

近世の山科郷を構成していた寺院領の村落について、その実態を明らかにすることが本書の課題の一つであった。この点については幸い広田家文書の閲覧を許され、不十分ながら幕末期の随心院領小野村について、街道村落の状況を紹介することができた。また、「諸日記覚帳」によって紹介した村の一年は郷内の他の村にも共通するところを含んでいると考えられる。

整理中であった西野山山科神社文書については、一応の目録を作成し、不十分なものではあるが、簡単な報告（「西野山村の近世史―山科神社所蔵文書調査・整理報告」）を行った。本書でも随所で文書を引用することができた。

本書が近世期の叙述をおもに幕末期にしぼり、近代前期にまで考察を進めたのは山科郷士による東京郊外および東山科（現千葉市内）開拓が明治一〇年前後に及んでいるからである。開拓過程について新たな知見を加えることはできなかったが、彼等が開拓に尽力している間に、山科郷では地租改正を経て近代への歩みを進めている。

両者の間に直接、間接に接触があったかどうかは確かめていないが、不幸にして開拓が失敗に終わり、沈黙を強いられている間にも山科郷の近代への対応は続いていく。

それは例えば「改定律例第六条」への対応として始まったかもしれない。明治九年の一月、「今四日午後三時頃御幸町全壽寺下ル安土町ニテ牛鼻綱大凡《おおよそ》六尺斗《ばかり》ニテ引通」ったところを、巡羅中の巡査衆に見とがめられ、「呵責《かしゃく》」の処置を受けた農民がいる。市中の牛の通行については引綱を三尺ほどにして危険を防ぐという規制は江戸期からあったことではあるが、この農民は「無筆」で、町の伍頭代筆の「御断書」（始末書）を京都府知事にあてて提出しているのである。

このような個別の対応の積み重ねのうえで、山科郷は地租改正を迎える。人々は戸長・副戸長、「評価人」、「人選老農」、「惣代」らとともに、石高から地価へ、米納から金納への変化に対応していくことになる。

このような推移のうちに戸長役場から郡を経て府県・国へ吸い上げられた諸事実がさまざまな統計などとなって現れる。貴重な史料であることはいうまでもないが、このような資料の変化は、そのなかから山科郷の姿を探り出すことを困難にしていることはないだろうか。やはり現地に密着した史料の発掘を続け、史料に基づいた事実の確認を積み重ねていく必要がある。本文中でもふれたように、本書もまたその点で不十分に終わっている。

例えば「五十町歩以上大地主名簿」に全く姿を現さない地方、地域での地主小作関係はどのようなものであったか。山科郷も該当するが、個別事例の資料発掘に努力するとともに、語り継がれてきた事柄をもより多く集め、検討していく活動が「ふるさとの会」にも必要であろう。

なお、前著の史料引用部分について、読み方が難しいという感想が寄せられている。本書では若干のふりがなを付けたが、参考になれば幸いである。

中山　清

二〇二二年九月二七日

【著者略歴】

中山　清（なかやま　きよし）

1937年　新潟県生まれ
東京都立大学大学院人文科学研究科修士課程修了
元京都女子大学文学部教授
「ふるさとの会」元代表世話人

著書
『近世大地主制の成立と展開』（1998年 吉川弘文館）
『巨大地主経営の史的構造』（2001年 岩田書院）
『千町歩地主の研究（正・続・Ⅲ・Ⅳ）』（1985年～2003年 京都女子大学研究叢刊）
『近世の山科　山科の近世―京都近郊天皇領の記録―』（2017年 文理閣）

京郊山科郷 ―近世から近代へ―

2023年５月30日　第１刷発行

著　者　中山　清
発行者　黒川美富子
発行所　図書出版　文理閣
京都市下京区七条河原町西南角　〒600-8146
電話（075）351-7553　FAX（075）351-7560
http://www.bunrikaku.com
印刷所　亜細亜印刷株式会社

ISBN978-4-89259-930-9